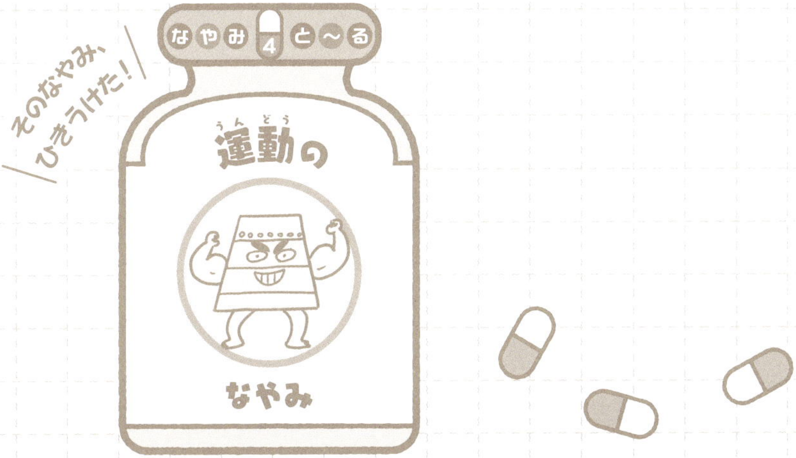
なやみ 4 と〜る
そのなやみ、ひきうけた！
運動《うんどう》の
なやみ

なやみ 4 と～る

運動《うんどう》のなやみ

小学校教諭
北川雄一・監修 ／ 梶塚美帆・文 ／ つぼいひろき・絵

岩崎書店

はじめに

運動《うんどう》のことが気《き》になるきみ。この本《ほん》を開《ひら》いてくれてありがとう。

体《からだ》を動《うご》かすことは、好《す》き？ きらい？

「運動《うんどう》」といっても、いろいろな種類《しゅるい》があるよ。

公園《こうえん》の遊具《ゆうぐ》で遊《あそ》ぶのだって運動《うんどう》だし、徒競走《ときょうそう》やバスケットボールも運動《うんどう》だ。

「バドミントンは好《す》きだけど、マラソンはきらい！」

ということもあるかもしれないね。

「運動《うんどう》はきらいじゃないけど、体育《たいいく》の授業《じゅぎょう》は好《す》きじゃない」

なんて子《こ》もいるかな？

先生《せんせい》から指示《しじ》された運動《うんどう》が上手《じょうず》にできなくて、

「体育《たいいく》ってつらい！」って思《おも》うかもしれない。

クラスメイトにわらわれたり、

「ハァー」ってため息《いき》つかれている気《き》がする……なんてこともあるかもね。
学校《がっこう》の先生《せんせい》に、「どうして体育《たいいく》があるの?」って質問《しつもん》してみたら、
「へぇー、そうなんだ!」ってびっくりするような答《こた》えがかえってきたよ。

この本《ほん》では、運動《うんどう》や体育《たいいく》の授業《じゅぎょう》のことで大《おお》いになやんできた先輩《せんぱい》たちや、
学校《がっこう》の先生《せんせい》とたくさん話《はな》し合《あ》って、運動《うんどう》や体育《たいいく》の授業《じゅぎょう》にまつわる
さまざまななやみを解決《かいけつ》するヒントを集《あつ》めました!

ナビゲーターの「たいくん」とともに、
ひとつひとつ、困難《こんなん》をのりこえていく主人公《しゅじんこう》
「たけしくん」と「まゆこちゃん」の成長《せいちょう》を見《み》ながら、
運動《うんどう》や体育《たいいく》の授業《じゅぎょう》を楽《たの》しむためのヒントにしてもらえたらうれしいです。

もくじ

登場人物《とうじょうじんぶつ》

まゆこ

小学《しょうがく》6年生《ねんせい》。たけしの姉《あね》。
走《はし》るのは、はやいが、
そのほかの運動能力《うんどうのうりょく》はゼロ。

たけし

小学《しょうがく》4年生《ねんせい》。
すべての運動《うんどう》がにがて。
体育《たいいく》の授業《じゅぎょう》がゆううつ。

体《たい》育《いく》がぼくらをなやませる！

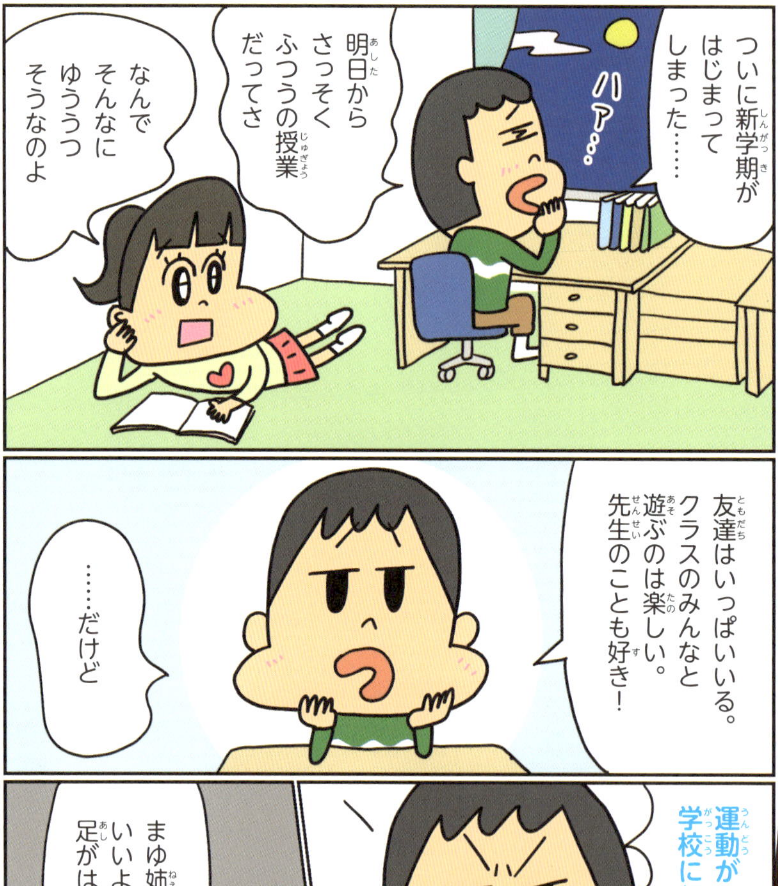

足《あし》がはやいだけだもん
わたしのなやみなんて、たけしにはわからないよ
こうなったら……
雨《あめ》がふって、体育《たいいく》のマラソンがなくなりますように
きれいな満月《まんげつ》 明日《あした》は晴《は》れね
ガク…
キラッ
ん?
なんだろあれ……
ヒューッ
うわ! なんか落《お》ちてきた――!

ピタッ
ガラッ
スタ
金メダル!!
ビシッ
だ、だれ？
だれって……きみがよんだんだろ
コレ
満月《まんげつ》にてるてるぼうずを逆《さか》さにして祈《いの》るのは、体育《たいいく》の精《せい》であるボクをよびだす儀式《ぎしき》なのさ
あなた、体育《たいいく》の精《せい》なの？
そうだよ
体育《たいいく》のことなら、なんでもボクにきいてよね
じゃあ……
言《い》わせてもらいます!!

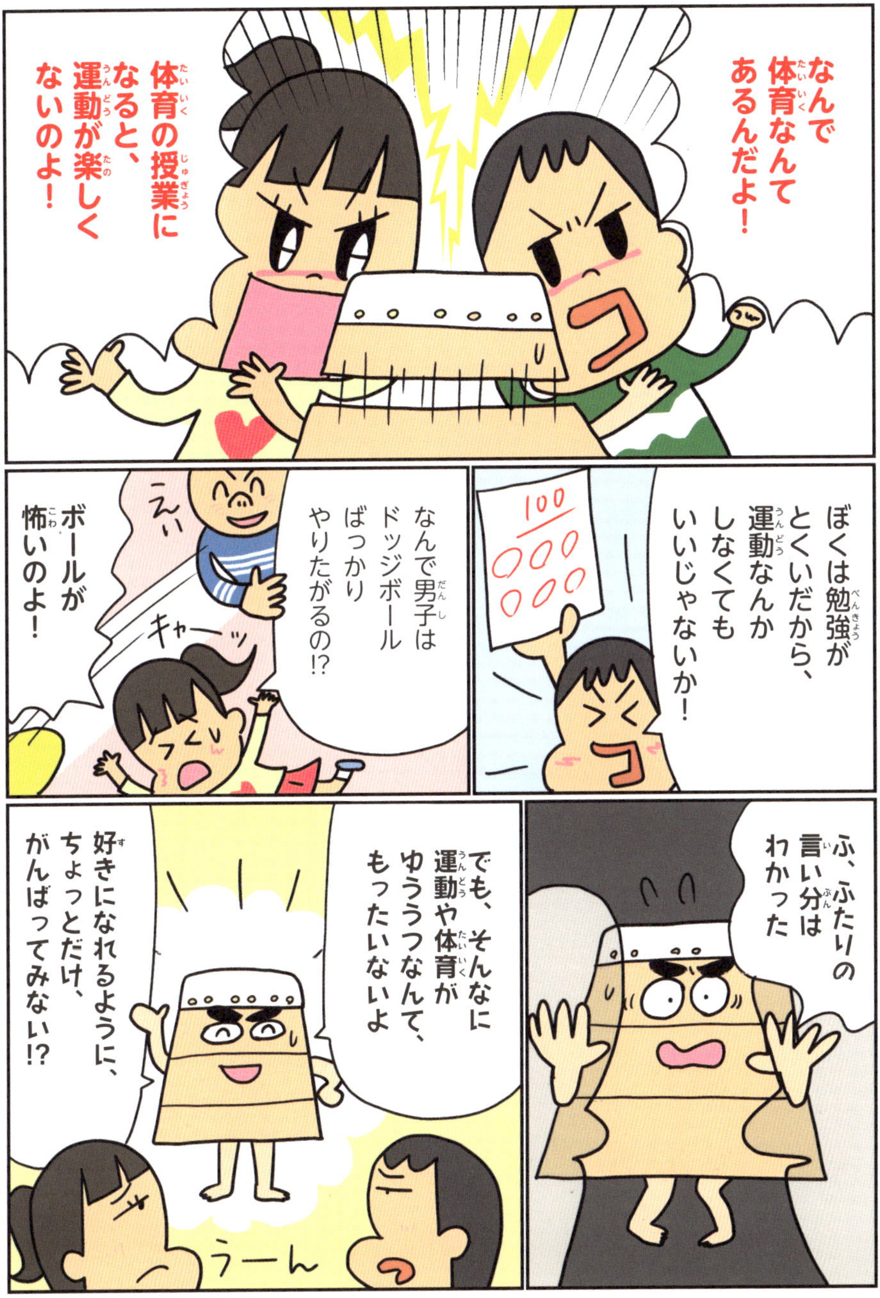
なんで体育《たいいく》なんてあるんだよ！
体育《たいいく》の授業《じゅぎょう》になると、運動《うんどう》が楽《たの》しくないのよ！
ぼくは勉強《べんきょう》がとくいだから、運動《うんどう》なんかしなくてもいいじゃないか！
100
なんで男子《だんし》はドッジボールばっかりやりたがるの!?
えい
キャーッ
ボールが怖《こわ》いのよ！
ふ、ふたりの言《い》い分《ぶん》はわかった
でも、そんなに運動《うんどう》や体育《たいいく》がゆううつなんて、もったいないよ
好《す》きになれるように、ちょっとだけ、がんばってみない!?
うーん

体育《たいいく》がにがてな、まゆこちゃんとたけしくん。
「運動《うんどう》なんて、したいときにしたい人《ひと》がすればいい！」
「なぜ、にがてな人《ひと》もいっしょにやらなきゃいけないの？」
ふたりは、そう思《おも》っているみたい。
だけど、本当《ほんとう》に運動《うんどう》が、にがてなのかな。
スポーツや、体《からだ》を動《うご》かすことそのものも、にがてなのかな。
ひと口《くち》に運動《うんどう》といっても、種類《しゅるい》はさまざま。
ぜんぶ「にがて」と思《おも》いこんでしまったら、もったいない。
無理《むり》に好《す》きになる必要《ひつよう》はないよ。だけど、少《すこ》しでいいから、
「運動《うんどう》が好《す》き」と思《おも》える瞬間《しゅんかん》を見《み》つけてみない？
運動《うんどう》のとくい・ふとくい、できる・できないだけじゃない、
もっと深《ふか》い運動《うんどう》の楽《たの》しさを知《し》ろう！

第《だい》1章《しょう》

どうして体育《たいいく》の授業《じゅぎょう》があるの？

体《たい》育《いく》の時《じ》間《かん》が、ゆううつ!

どうして体育《たいいく》の授業《じゅぎょう》があるのか知《し》ろう

体育《たいいく》の授業《じゅぎょう》がある理由《りゆう》はコレ

体《からだ》を動《うご》かす楽《たの》しさを知《し》ってほしい

スポーツは、一生《いっしょう》できる。その楽《たの》しさを、子《こ》どものうちから知《し》ってほしいんだ。

自分《じぶん》の好《す》きなスポーツを見《み》つけてほしい

体育《たいいく》の時間《じかん》は、いろいろなスポーツに挑戦《ちょうせん》するチャンスなんだ。

ふだんとはちがう、友達《ともだち》の新《あら》たな一面《いちめん》を知《し》ってほしい

意外《いがい》と負《ま》けずぎらいだったり、頼《たよ》りになったり。はげましあい、教《おし》えあえたら、もっとなかよくなれるね。

できなかったことができるようになる経験《けいけん》をしてほしい

スポーツは、「できた!」と、自分《じぶん》の成長《せいちょう》を感《かん》じられるチャンスが多《おお》い。

体《からだ》の動《うご》かし方《かた》を知《し》ってほしい

きみの体《からだ》は、今《いま》、ぐんぐん成長《せいちょう》しているよ。体《からだ》の動《うご》かし方《かた》を学《まな》ぶ大切《たいせつ》な時期《じき》なんだ。

体力《たいりょく》をつけてほしい

勉強《べんきょう》をするにも体力《たいりょく》が必要《ひつよう》だ。小学生《しょうがくせい》のときから、しっかり体力《たいりょく》をつけておこう。

体育《たいいく》のねらいって、こういうことだったんだね。人《ひと》とくらべずに、運動《うんどう》を通《とお》して成長《せいちょう》していってほしいんだ。

体育《たいいく》の疑問《ぎもん》、先生《せんせい》にぶつけてみた！

参加《さんか》メンバー

北川先生《きたがわせんせい》

体育《たいいく》の先生《せんせい》

しょう

とくいな運動《うんどう》と、にがてな運動《うんどう》がある

あやか

運動《うんどう》がにがて

あやか

先生《せんせい》、運動《うんどう》ってそんなにやらなきゃダメですか？

北川先生

あやかさんは、運動《うんどう》がきらい？

あやか

はい。体育《たいいく》でやるサッカー、バスケ、バレー……運動《うんどう》がにがてなので、チームのみんなにめいわくがかかって、それがすごくイヤです。

北川先生

その気持《きも》ちはわかる。だけど、下手《へた》でも気《き》にせず楽《たの》しんでほしいな。それに、ひとりでも楽《たの》しめるスポーツもあるしね。マラソンとか水泳《すいえい》とか。

しょう

マラソンって、つらいだけじゃないですか。

あやか

あ、でも、わたし、きらいじゃないかも。

しょう

マジ!?

あやか

走《はし》ることだけに集中《しゅうちゅう》する感《かん》じが好《す》き。

北川先生　そうそう、自分《じぶん》に合《あ》った運動《うんどう》を見《み》つけてほしいな。しょうくんは、マラソンがきらいなんだね。

しょう　はい。オレは、あやかさんとちがって、サッカーやバスケは楽《たの》しくて好《す》きなんです。マラソンのほかに、マット運動《うんどう》や鉄棒《てつぼう》、ダンスもきらいです。

あやか　マット運動《うんどう》と鉄棒《てつぼう》は、わたしもきらい。将来《しょうらい》なんの役《やく》に立《た》つの〜!?って思《おも》う。あと、ダンスすることなんて、大人《おとな》になったらないでしょ。

しょう　たしかに（笑《わらい》）。

北川先生　それがね、じつは、すごく役《やく》に立《た》つんだよ。

しょう　えー、どうして!?

北川先生　まず、マット運動《うんどう》や鉄棒《てつぼう》。これって、日常生活《にちじょうせいかつ》では絶対《ぜったい》にしない動《うご》きをするよね。

あやか　そうですね、そんな動《うご》きをしている人《ひと》、見《み》たことないです。

北川先生　でも、絶対《ぜったい》にしない動《うご》きをすることで、「自分《じぶん》の思《おも》ったとおりに体《からだ》を動《うご》かすこと」がどういうことかを学《まな》んでほしいんだ。それができると、体《からだ》が自由自在《じゆうじざい》に動《うご》くようになる。

しょう　へぇ〜。

北川先生　ダンスもそれに似《に》ているよ。たとえば、首《くび》を横《よこ》にスライドさせる動《うご》き。最初《さいしょ》はみんなできないけれど、練習《れんしゅう》するとできるようになる。できるようになるということは、頭《あたま》で出《だ》した指令《しれい》が体《からだ》に届《とど》くようになったということ。

あやか　そっか！

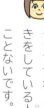

北川先生 このことが、べつの運動《うんどう》をするときに役《やく》に立《た》つよ。自分《じぶん》の体《からだ》の動《うご》かし方《かた》を知《し》っていると、どんなスポーツでも上達《じょうたつ》がはやくなるんだ。それに、ころんだときに、ぱっとすばやく手《て》が前《まえ》に出《で》るようになって、ケガを予防《よぼう》できる。

しょう そんなねらいがあったんですね。

北川先生 話《はなし》は変《か》わるけど、ふたりは楽器《がっき》はできる?

あやか わたしはピアノがひけます。

しょう オレは何《なに》もできない。兄貴《あにき》はギターがひけるけど……。何《なに》か楽器《がっき》ができたらいいなって思《おも》ってるから、あやかちゃんや兄貴《あにき》がうらやましいな。

北川先生 運動《うんどう》もまさにそれと似《に》てる。

あやか どういうことですか?

北川先生 しょうくんが「何《なに》か楽器《がっき》ができたらいいな」って言《い》ったでしょう。運動《うんどう》も、何《なに》かひとつできたら、人生《じんせい》が楽《たの》しくて豊《ゆた》かになるんだ。

しょう たしかに、友達《ともだち》で野球《やきゅう》チームに入《はい》ってるヤツがいるんだけど、試合《しあい》がある時期《じき》は、そのことに集中《しゅうちゅう》してて、充実《じゅうじつ》してる感《かん》じがする。

北川先生 マラソンやマット運動《うんどう》が、にがてなままでもいいから……まぁ、好《す》きになってほしいんだけど(笑《わらい》)、何《なに》かひとつ好《す》きな運動《うんどう》を見《み》つけてほしいんだ。子《こ》どものうちは、体育《たいいく》があるから運動《うんどう》する機会《きかい》があるけど、大人《おとな》になると運動《うんどう》をほとんどしなくなる人《ひと》もいるからね。

あやか そうなんですね。

北川先生 「何《なに》かひとつ運動《うんどう》ができたらいいな」って、そういう大人《おとな》は言《い》っているね。

しょう さっきのオレといっしょだ。

あやか わたしはこれから、好《す》きになれる運動《うんどう》をひとつ見《み》つけられるようにする!

しょう：じゃあオレは、楽器《がっき》と運動《うんどう》、ひとつずつ、できるようになろう！

北川先生：ぼくも何《なに》か楽器《がっき》をはじめようかな……。

しょう：先生《せんせい》、いっしょにがんばりましょう！

ひとつ好《す》きな運動《うんどう》を見《み》つけられたら、
人生《じんせい》が楽《たの》しく、豊《ゆた》かになるよ！
いろいろな運動《うんどう》があることを教《おし》えてくれる体育《たいいく》の時間《じかん》。
好《す》きになれそうな運動《うんどう》を見《み》つけられるといいね！

運動《うんどう》がきらい！ 好《す》きにならなくちゃダメ？

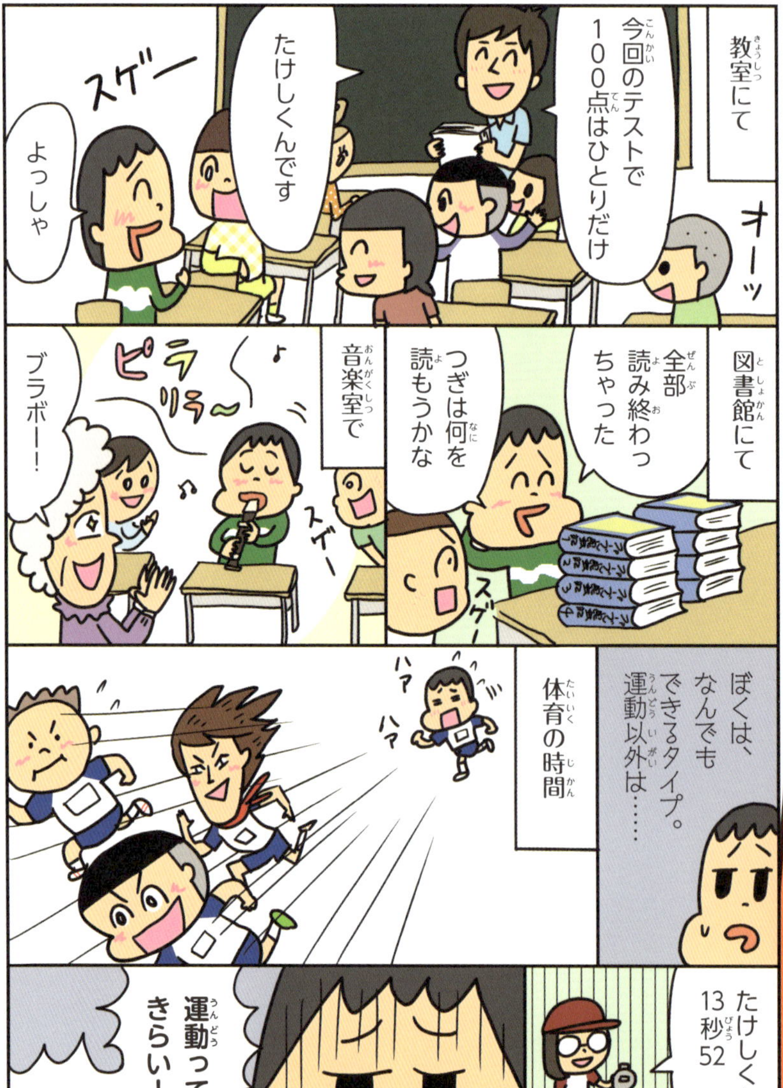

アドバイス

じつはきみは、運動《うんどう》を楽《たの》しんでいる！

もしかして、体育《たいいく》の授業《じゅぎょう》がきらいなだけかもしれないね。
友達《ともだち》とやるオニごっこやバドミントン、夏休《なつやす》みのプール。楽《たの》しんだ記憶《きおく》はない？
これらもれっきとした運動《うんどう》だよね！

････体《からだ》を動《うご》かして楽《たの》しかったことを思《おも》い出《だ》してみよう････

家族《かぞく》で行《い》ったハイキング

ジャングルジム登《のぼ》り

みんなでオニごっこ

けん玉遊《だまあそ》び

きみはすでに
運動《うんどう》を楽《たの》しんだ
ことがあるはず！

自分《じぶん》は運動《うんどう》がきらいって決《き》めつけないで。「体育《たいいく》はにがてだけど、体《からだ》を動《うご》かすのは好《す》き」って思《おも》えてこない？

休《やす》み時間《じかん》、外《そと》で遊《あそ》びたくないのに……

アドバイス

こんな遊《あそ》びをしてみたらどうかな？

運動《うんどう》がにがてな人《ひと》でも楽《たの》しめる、外《そと》での遊《あそ》びを紹介《しょうかい》するね！
先生《せんせい》や友達《ともだち》に「これやろう！」って、このページを見《み》せてみて！

全員《ぜんいん》がオニのオニごっこ

全員《ぜんいん》がオニで、だれをつかまえてもOK。つかまったらしゃがんでね。しゃがんでるとき、だれかがタッチしてくれたら、復活《ふっかつ》できるぞ！

ゴムだん

ゴムのわっかを用意《ようい》して、ふたりの人《ひと》の足首《あしくび》にかける。ほかのみんなは、両足《りょうあし》でジャンプ、片足《かたあし》ずつジャンプ、片足《かたあし》だけでジャンプなどして遊《あそ》ぶ。少《すこ》しずつゴムの高《たか》さを上《あ》げてみよう。とび方《かた》はいろいろあるから、図書館《としょかん》やインターネットなどで調《しら》べてみてね。

ドンじゃんけんぽん

ふたつのチームに分《わ》かれ、よーいドンで相《あい》手《て》チームに向《む》かって走《はし》る。はちあわせしたら、ジャンケン。勝《か》った人《ひと》はそのまま進《すす》み、負《ま》けた人《ひと》は自分《じぶん》のチームの一番後《いちばんうし》ろにならんで、次《つぎ》の順番《じゅんばん》の人《ひと》がスタート。先《さき》に相手《あいて》チームの陣地《じんち》にたどりついたほうが勝《か》ち！

★平均台《へいきんだい》や丸太《まるた》、白線《はくせん》やロープの上《うえ》などで遊《あそ》んでみて！

おじいちゃん・おばあちゃんになっても運動《うんどう》はできる！

お年寄《としよ》りになってもできるスポーツは、ゲートボールだけじゃないんだ。たとえば、テニス、水泳《すいえい》、ボウリング、スキー、ジョギング、けん玉《だま》。どんな年齢《ねんれい》の人《ひと》も「一生涯《いっしょうがい》」気軽《きがる》に参加《さんか》できるスポーツのことを、「生涯《しょうがい》スポーツ」というよ。

体《からだ》を動《うご》かすと、楽《たの》しみがふえる。心《こころ》も体《からだ》も健康《けんこう》になって、長生《ながい》きができる。

今《いま》は、運動《うんどう》のできる・できないを人《ひと》とくらべてしまうかもしれないけれど……大人《おとな》になったら、ましてやお年寄《としよ》りになったら、あまり気《き》にならなくなるかもしれない。

一生《いっしょう》、家族《かぞく》や友達《ともだち》といっしょに運動《うんどう》ができたら、きっと楽《たの》しいよ。

そして、どんな運動《うんどう》をするにも、体育《たいいく》で学《まな》ぶ体《からだ》の動《うご》かし方《かた》は、役《やく》に立《た》つんだ。いろんな動《うご》きができるようになっていると、新《あたら》しいスポーツを体《からだ》が覚《おぼ》えるのもはやいよ。運動神経《うんどうしんけい》がいい人《ひと》がどんなスポーツもとくいなのは、そういうわけなんだ。

だから、ひとつを極《きわ》めるのもいいけれど、さまざまな運動《うんどう》をやってみるのもだいじ。

「体《からだ》を動《うご》かすこと」そのものを好《す》きになって、一生《いっしょう》楽《たの》しめるスポーツを見《み》つけてね。

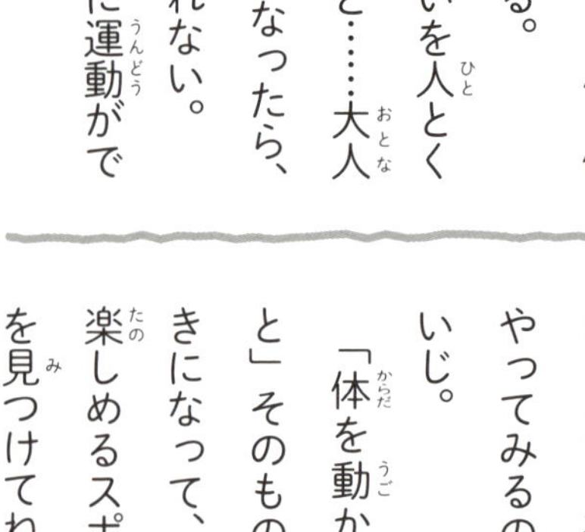

第《だい》2章《しょう》

いろいろな運動《うんどう》の上達《じょうたつ》のコツ、教《おし》えます！

体育《たいいく》の授業《じゅぎょう》をゆううつな時間《じかん》にしたくない

第2章

まゆこちゃんの言《い》うとおり!
みんな最初《さいしょ》からうまくできるわけじゃないよ
コツをつかめばどんな人《ひと》もステップアップしていける!
ホップ
ステップ
ジャーンプ
ぼくでもできる?
もちろん!
ワーイ
体育《たいいく》でやるスポーツを中心《ちゅうしん》にだれでもマスターしやすいコツを教《おし》えるね
こっちだ!!
スタッ

マラソンのコツ

マラソンなんて、ただつらいだけじゃない
想《そう》像《ぞう》しただけでつかれてきた…
ゼェゼェ
まゆこちゃん、まだマラソンの楽《たの》しさを知《し》らないね？
チッチッ

ずっと同《おな》じペースで走《はし》ろう

長《なが》く走《はし》るコツは、最初《さいしょ》にがんばりすぎないこと。
前半《ぜんはん》にとばしすぎると、とちゅうで疲《つか》れちゃうからね。
自分《じぶん》に合《あ》ったリズムを見《み》つけて、最初《さいしょ》から最後《さいご》まで同《おな》じペースで走《はし》ろう。

基本《きほん》の走《はし》る姿勢《しせい》

体《からだ》の力《ちから》をぬいてリラックス。
肩《かた》や腕《うで》にムダな力《ちから》が入《はい》っていないかな。
短距離走《たんきょりそう》のときよりも、歩《ほ》はばをせまく、楽《らく》に走《はし》ろう。

ポイントをおさえよう

呼吸《こきゅう》でリズムをつくって

呼吸《こきゅう》は、吸《す》うと吐《は》くを2回《かい》ずつ。
「すーすー、はーはー」と、
くりかえそう。

腹式呼吸《ふくしきこきゅう》は
意識《いしき》しなくてOK！

疲《つか》れたら、手《て》をふってみよう

疲《つか》れたときほど元気《げんき》よく**手《て》をふって**。
体《からだ》をリズミカルに動《うご》かすことで、
呼吸《こきゅう》も楽《らく》になるぞ。

自然《しぜん》と足《あし》が前《まえ》に
出《で》るようになるよ！

記録《きろく》をのばしたいなら

体育《たいいく》の時間《じかん》にみんなで走《はし》るとき、
自分《じぶん》より少《すこ》しはやい人《ひと》に
ついていってみよう。

でも、あせらずにね。
無理《むり》をしてまで、
ついていかなくていいよ

自分《じぶん》の成長《せいちょう》がわかりやすいから、じつはハマると楽《たの》しいスポーツ。昨日《きのう》の自分《じぶん》より、はやくなることを目標《もくひょう》にしよう。

マット運動《うんどう》（前転《ぜんてん》・後転《こうてん》）のコツ

まずは、前転《ぜんてん》と後転《こうてん》をマスターしよう

体《からだ》を回転《かいてん》させたり、ささえたり、起《お》き上《あ》がったり、基本《きほん》の動《うご》きをおぼえよう。前転《ぜんてん》と後転《こうてん》がうまくできるようになったら、難《むずか》しい技《わざ》にも挑戦《ちょうせん》できるよ！

前転《ぜんてん》のコツ

腕《うで》で体《からだ》をささえ、**頭《あたま》の後《うし》ろ**をマットにつけよう。頭《あたま》のてっぺんをつけちゃダメ！

「**まっすぐ進《すす》む**」と意《い》識《しき》して回転《かいてん》しよう。

★両手《りょうて》を前《まえ》に出《だ》すと起《お》き上《あ》がりやすいよ！

まわり終《お》わったら、かかとをすばやくおしりの下《した》につけよう。

後転《こうてん》のコツ

★手《て》のひらを天井《てんじょう》に向《む》けて、耳《みみ》の横《よこ》につける。

最初《さいしょ》の位置《いち》からなるべく**遠《とお》くに**おしりをつけるようにしよう。首《くび》と背中《せなか》をまるめ、**おへそを見《み》て！**

勢《いきお》いをつけて後《うし》ろへ回《かい》転《てん》。**手《て》のひら全体《ぜんたい》**をマットにつけ、**しっかり**おす。**こしを高《たか》く**上《あ》げるように意識《いしき》して。

両手《りょうて》でマットをおして立《た》ち上《あ》がる。

前転《ぜんてん》・後転《こうてん》がマスターできたら、こんな技《わざ》にも挑戦《ちょうせん》！

前転《ぜんてん》と後転《こうてん》の基本《きほん》をしっかりマスターしたら、
すごーく難《むずか》しい技《わざ》、「とびこみ前転《ぜんてん》」や「開脚前転《かいきゃくぜんてん》」なども、
できるようになるまでがはやいんだ！

とびこみ前転《ぜんてん》

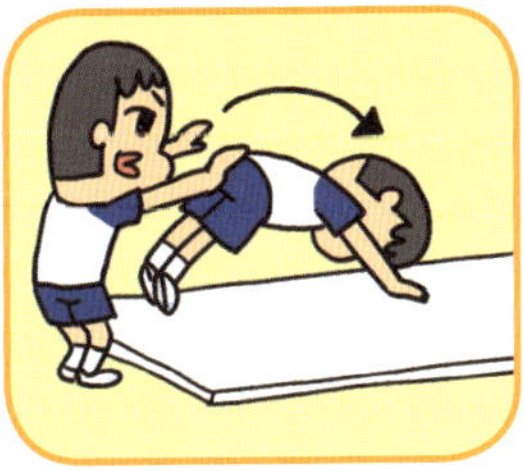

立《た》った姿勢《しせい》からマットにとびこむようにジャンプ！手《て》のひらをつけて前転《ぜんてん》するよ。

開脚前転《かいきゃくぜんてん》

スタートは「前転《ぜんてん》」と同《おな》じ。足《あし》が床《ゆか》につきそうになったら、すばやく足《あし》を開《ひら》くよ。

伸膝後転《しんしつこうてん》

足《あし》をのばしたまま、後転《こうてん》するよ。立《た》った姿勢《しせい》から手《て》のひら→おしりの順《じゅん》にマットにつける。

鉄《てつ》棒《ぼう》(さかあがり)のコツ

ぶら下《さ》がる練習《れんしゅう》からはじめよう

まずは、ぶら下《さ》がるだけで OK!
5 秒《びょう》ぶら下《さ》がるのを目標《もくひょう》にしてね。

★腕《うで》をまげて、
顔《かお》は鉄棒《てつぼう》の上《うえ》に出《だ》そう。
ダンゴムシみたいなポーズ!

基本《きほん》のかまえ

鉄棒《てつぼう》の選《えら》び方《かた》

おへそより
ちょっと低《ひく》い
高《たか》さが◎!

鉄棒《てつぼう》のもち方《かた》

上《うえ》からもっても、
下《した》からもっても、
どちらでも OK!
親指《おやゆび》は鉄棒《てつぼう》にかける
ようにしよう。

ポイントをおさえよう

1 腕《うで》を曲《ま》げ、あごをひいて、体《からだ》を鉄棒《てつぼう》にひきつけよう。

2 空《そら》をける気持《きも》ちで、足《あし》を強《つよ》くふりあげて。

3 腕《うで》の筋力《きんりょく》と、足《あし》をふりあげた勢《いきお》いで、こしを鉄棒《てつぼう》に近《ちか》づけて回転《かいてん》！

うまくまわれない原因《げんいん》はコレかも

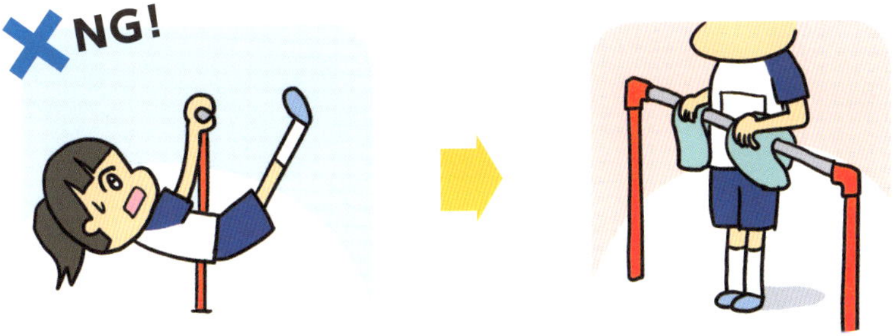

手《て》がのびて、おへそが鉄棒《てつぼう》からはなれている。

タオルを絵《え》のように腰《こし》にまいて練習《れんしゅう》してみて。鉄棒《てつぼう》と体《からだ》がはなれないよ。

さかあがりができれば、自信《じしん》がつくよね。
クリアできたら、ほかの技《わざ》にも挑戦《ちょうせん》してみて！

にがてな運動《うんどう》、どう克服《こくふく》した？

だいち

とにかく特訓《とっくん》した！

オレは体育《たいいく》が大好《だいす》き！ 体育《たいいく》がある日《ひ》は、1時間《じかん》目《め》から待《ま》ち遠《どお》しく感《かん》じるくらい。だけど、鉄棒《てつぼう》の授業《じゅぎょう》だけは、ゆううつだったんだ。さかあがりが、どうしてもできなかったから。

だから、毎日《まいにち》こっそり公園《こうえん》の鉄棒《てつぼう》で練習《れんしゅう》した。インターネットで「さかあがり コツ」で検索《けんさく》して調《しら》べることもした。なかなか成功《せいこう》しなくてあせったけど、とにかく毎日《まいにち》やってみた。あるとき、ふと、「これがコツか！」っていう感覚《かんかく》があって、成功《せいこう》したんだ。努力《どりょく》は裏切《うらぎ》らないって思《おも》ったよ。

はるな

走《はし》るのがおそくても気《き》にしないことにした

わたしは体育《たいいく》がだいっきらい！ みんなのさらしものになったり、ミスをしたら責《せ》めるような目《め》で見《み》られたりするのが、本当《ほんとう》にイヤ。

でも、最初《さいしょ》は大《だい》きらいだったマラソンが、今《いま》は「そんなにイヤじゃないかも」って思《おも》ってる。

うちの学校《がっこう》にはマラソン大会《たいかい》があって、毎年《まいとし》ゆううつだったの。それをお姉《ねえ》ちゃんに話《はな》したら、「マラソンなんて、ただ走《はし》ればいいだけじゃない。おそくてもいいし、だれも気《き》にしないよ」って言《い》われて、「たしかに……」って思《おも》って。

みんなよりもおそいけど、人《ひと》の目《め》は気《き》にしないことにしたら、自分《じぶん》の記録《きろく》に目《め》がいくようになったよ。前回《ぜんかい》のタイムよりもはやかったらうれしくて、「マラソン、悪《わる》くないな」って思《おも》ったんだ。

そら

ほめられて好《す》きになった

ぼくは、体育《たいいく》が好《す》きでもきらいでもなかった。運動会《うんどうかい》のかけっこでは、3位《い》くらいになる目立《めだ》たないタイプ。ただ、球技《きゅうぎ》はちょっとにがてだった。活躍《かつやく》できないと、チームのみんなに悪《わる》い気《き》がして……。

ある日《ひ》、体育《たいいく》のバスケの授業《じゅぎょう》で、上手《じょうず》な人《ひと》だけが名前《なまえ》をよばれて試合《しあい》をすることになったんだ。地域《ちいき》のバスケチームに入《はい》っている友達《ともだち》の名前《なまえ》がよばれるだろうなと思《おも》ってたら、なんとぼくの名前《なまえ》もよばれた。

なんでだろうと思《おも》いつつもうれしかったよ。試合《しあい》が終《お》わってから先生《せんせい》が「今回《こんかい》は、パスが上手《じょうず》だった人《ひと》をえらびました」って言《い》ってたんだ。

自分《じぶん》では知《し》らなかったいいところをほめられて、バスケが好《す》きになっちゃった。

とび箱《ばこ》のコツ

自分《じぶん》だけずっと低《ひく》い段《だん》の列《れつ》にならんでてみじめだよ
できれば人《ひと》と自分《じぶん》をくらべないで
とび箱《ばこ》もマラソンといっしょで自分《じぶん》とのたたかいだよ!
1
2

自分《じぶん》に合《あ》った段数《だんすう》からチャレンジしよう

人《ひと》とくらべずに、自分《じぶん》に合《あ》った段数《だんすう》からはじめよう。
最初《さいしょ》は3～4段《だん》ぐらいがおすすめだよ。

基本《きほん》の開脚《かいきゃく》とび

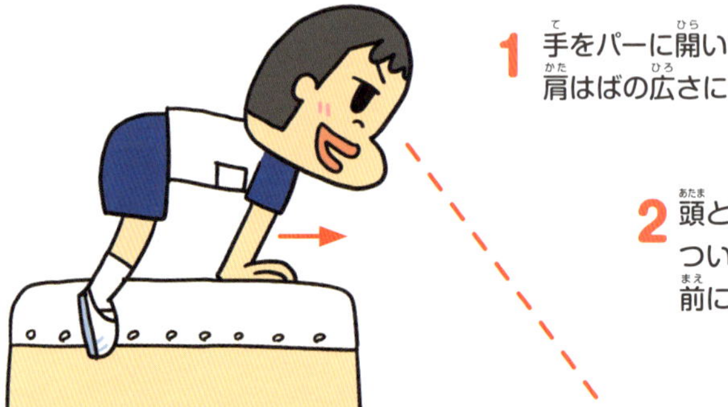

1 手《て》をパーに開《ひら》いて、肩《かた》はばの広《ひろ》さにつく

2 頭《あたま》と肩《かた》を、ついた手《て》より前《まえ》に出《だ》す

3 着地《ちゃくち》する場所《ばしょ》を見《み》る

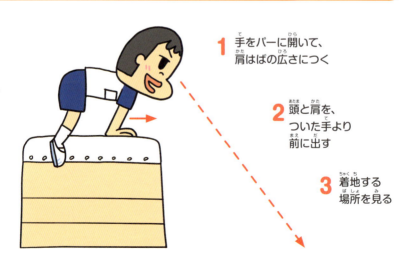

ふみきりのポイント

助走《じょそう》は**2歩《ほ》くらい**がいい。遠《とお》くから走《はし》ると、勢《いきお》いがつきすぎて、とぶのがこわくなっちゃうよ。

ふみきり板《ばん》は、両足《りょうあし》で**思《おも》いっきり強《つよ》く**ふみきって！

手《て》の位置《いち》のポイント

手《て》は**なるべく遠《とお》く**につこう。

手《て》でとび箱《ばこ》をおして！
「体《からだ》を前《まえ》に行《い》かせるイメージ」でとんでみよう。

こんな練習《れんしゅう》をしてみてね

失敗《しっぱい》して、とび箱《ばこ》の上《うえ》にすわっちゃうときがあるよね。すぐにおりないで、こうやってみて。手《て》で体《からだ》をささえる練習《れんしゅう》になるんだ！

★手《て》で体重《たいじゅう》をささえて前《まえ》へ進《すす》んでみよう。

思《おも》いきって「エイッ」ととんで。まよいがあると、勢《いきお》いが弱《よわ》くなってしまう。基本《きほん》をマスターしちゃえば、段《だん》が高《たか》くなっても怖《こわ》くないよ。

ドッジボールのコツ

基本《きほん》のボールキャッチ

腕《うで》と胸《むね》で、はさみこもう。腕全体《うでぜんたい》でボールをだっこしてあげてね。

キャッチしやすいボールはこれだ！

これ以外《いがい》のボールが来《き》たら、よけよう。とれそうなときだけ、とる。無理《むり》をしないのが、かっこいいドッジボーラーになるポイント！

腰《こし》から胸《むね》ぐらいの高《たか》さに来《き》たボール

正面《しょうめん》に飛《と》んできたボール

手《て》のひらだけでとろうとすると、落《お》としてしまいやすいよ。

よけ方《かた》のポイント

後《うし》ろに下《さ》がったり、しゃがんだりするのではなく、**横《よこ》ににげる**ことを意識《いしき》して。

走《はし》るのではなく、**体《からだ》を回転《かいてん》させて**（体《からだ》をひねって）よけよう。

にげ方《かた》のポイント

敵《てき》チームのボールをもっている人《ひと》から、**一番遠《いちばんとお》い位置《いち》**ににげよう。

かんたんにできるヒミツの特訓《とっくん》

リングバウンドキャッチ

1 ふたりで向《む》きあって、真《ま》ん中《なか》に円《えん》をかく。

2 円《えん》にボールを投《な》げて、1回《かい》バウンドさせてからキャッチ！

★バウンドしたボールなら安心《あんしん》してとれるよね。これでボールになれていこう。

エプロンキャッチ

1 エプロンをつけるか、カーディガンを上下逆《じょうげさか》さにして内側《うちがわ》から腕《うで》だけを通《とお》す。

2 手《て》を逆手《さかて》にしてすそをもち、ボールをキャッチ！

★保護者《ほごしゃ》や友達《ともだち》にボールを投《な》げてもらって、練習《れんしゅう》してみてね。

水泳《すいえい》(クロール)のコツ

25メートルさえ泳《およ》げたら、プールがゆううつじゃなくなるんだけどなぁ
プール自体は好きなの
ここではクロールのコツを教《おし》えるよ

リラックスして水《みず》に浮《う》かぼう

まずは、体《からだ》の力《ちから》をぬいて、クラゲみたいにプカーッと浮《う》かんでみよう。
体《からだ》がぐにゃぐにゃになった様子《ようす》をイメージして！

基本《きほん》の浮《う》かび方《かた》

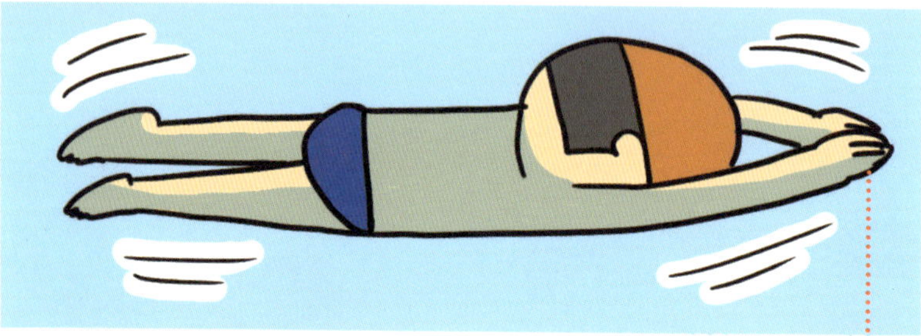

浮《う》かんだら、手《て》を指先《ゆびさき》までピーンとのばしてみてね。

人間《にんげん》、だれでもかならず浮《う》く！リラックスすることがだいじだよ。

息《いき》つぎのポイント

水中《すいちゅう》で息《いき》をはいておくことがだいじ！顔《かお》を上《あ》げたら、すばやくすおう。顔《かお》を上《あ》げるときは、首《くび》を横《よこ》に向《む》けて。前《まえ》を向《む》いちゃダメだよ！

手《て》の動《うご》かし方《かた》のポイント

片腕《かたうで》はのばす。もう一方《いっぽう》の腕《うで》は曲《ま》げて水《みず》をかく。このとき、ひじをしっかり曲《ま》げることがだいじ！　そして指先《ゆびさき》をピンとのばし、指《ゆび》どうしをしっかりくっつけること！

のばしたほうの腕《うで》をまくらのようにして、耳《みみ》をつけよう。

こんな練習《れんしゅう》をしてみてね

浮《う》き具《ぐ》で浮《う》かぶ感覚《かんかく》をつかむ

浮《う》き具《ぐ》を背中《せなか》につけて、体《からだ》が浮《う》く感覚《かんかく》をつかもう。「力《ちから》をぬくと体《からだ》が浮《う》く」というのはどんな感《かん》じなのかがわかるよ。

ビート板《ばん》でバタ足練習《あしれんしゅう》

バタ足《あし》の練習《れんしゅう》には、ビート板《ばん》を使《つか》うのがおすすめ。ひさを曲《ま》げずに、つま先《さき》までピンとのばすのがコツ！

どこでもできる！　息《いき》つぎ練習《れんしゅう》

腕《うで》をまくらのようにして耳《みみ》をつけよう。そのまま肩《かた》をまわして、息《いき》つぎの動《うご》きをしてみて。

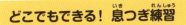

バスケットボールのコツ

チームで力《ちから》を合《あ》わせることがだいじ

ちょっとでもいいからチームの力《ちから》になっていたら、それだけで100点満点《てんまんてん》だよ。
自分《じぶん》のできそうなことをさがしてみよう。

プレーだけじゃない。こんな役割《やくわり》も大切《たいせつ》！

元気《げんき》いっぱいおうえんして、チームをもりあげる！

敵《てき》チームを研究《けんきゅう》！　上手《じょうず》な子《こ》はだれ？　弱点《じゃくてん》はあるか？　頭脳《ずのう》プレーでチームに貢献《こうけん》！

ドリブルのポイント

低《ひく》い位置《いち》で、**指《ゆび》をしっかりひらいて**ボールをおしこむようなイメージで。空《あ》いている手《て》でボールをガードして。

パスのポイント

敵《てき》にじゃまされていない味方《みかた》を見《み》つけて、受《う》けとりやすい**胸《むね》のあたり**をねらってボールを投《な》げてみよう！

シュートのポイント

ドリブルがにがてでも、シュートするのがとくいなら、**ゴールの近《ちか》くにいよう**。ゴールの**ななめ45度《ど》**の位《い》置《ち》がおすすめ！

ディフェンスのポイント

敵《てき》のだれかを**ひとり決《き》めて**、ずっとついてじゃまをするのもいいね。ボールをうばえたらラッキー。

人《ひと》のいないところに動《うご》いてみると、
パスがもらえやすいよ。そのまま
シュートもできちゃう！

サッカーのコツ

コートが広《ひろ》すぎて、どこに行《い》って何《なに》をしたらいいのかわからないんだ
ナイッシュー
右!
ポカーン
ヘイ
サッカーも、基本的《きほんてき》にはバスケと同《おな》じ!
ひとつできることを見《み》つけてみて

「これならできる!」を見《み》つけてみよう

サッカーも、できることをひとつ見《み》つければチームの力《ちから》になれるスポーツだよ。「これならできる!」を見《み》つけてみよう。
サッカーに慣《な》れるまでは、攻《せ》めよりも守《まも》りをがんばると活躍《かつやく》しやすいよ!

基本《きほん》のボールのけり方《かた》

パスを出《だ》すならコントロールしやすい足《あし》の内側《うちがわ》で。
勢《いきお》いよくシュートするなら、こうのあたりでけるのが◎。

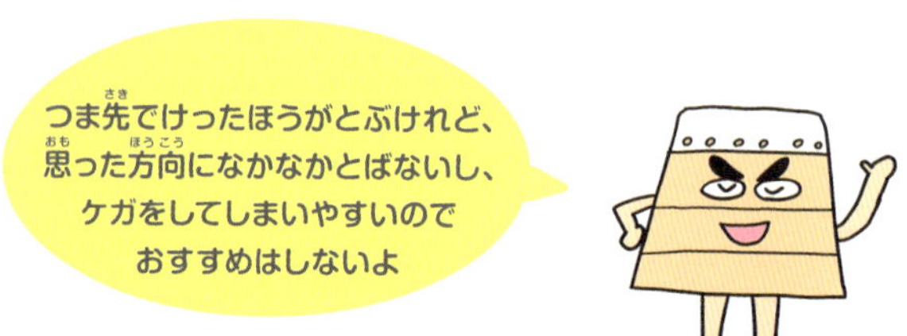

つま先《さき》でけったほうがとぶけれど、思《おも》った方向《ほうこう》になかなかとばないし、ケガをしてしまいやすいのでおすすめはしないよ

どれができそうかな？

ボールをもっている人《ひと》の前《まえ》に立《た》つ

ボールをうばえなくてもいい。その行動《こうどう》で相手《あいて》をひるませることができるよ。相手《あいて》の前《まえ》に立《た》つだけでもOKなんだ。

相手《あいて》のゴールの方向《ほうこう》に強《つよ》くける

ボールがまわってきたのに、パスを出《だ》せそうな人《ひと》がいない！ そんなときは、とにかく思《おも》いっきり**相手《あいて》のゴールの方向《ほうこう》に強《つよ》くける**だけでOK。

ボールを受《う》け止《と》め、味方《みかた》にパス

敵《てき》がまわりにいないときにボールが来《き》たら、足元《あしもと》にとめて。足《あし》のうらではなく、**足《あし》の内側《うちがわ》**にボールを受《う》けて止《と》めよう。

だれかをマークし続《つづ》ける

ずっとついてじゃまをして。ふりきられてもいい。上手《じょうず》な人《ひと》のじゃまができたらよりグッド。

いろんな球技《きゅうぎ》のワンポイントアドバイス

体育《たいいく》ではこんな球技《きゅうぎ》もやることがあるよ。ルールは授業《じゅぎょう》で教《おし》えてもらってね。
ここでは、コツとポイントを伝授《でんじゅ》するよ！

バレーボール

サーブのコツを教《おし》えるね。
ボールを打《う》つ手《て》は**グー**にして、ボールの中心《ちゅうしん》に当《あ》てよう。このとき、**ボールは投《な》げないほうがいい**。手《て》にもったまま、グーをあてるのがポイントだよ。

フラッグフットボール

まず、チームで話《はな》しあって、だれがボールをもって走《はし》るかを決《き》めよう。
ボールをもって走《はし》るだけでもいいし、**もったふり**をするのもいいよ！
いつもはボールをもったふりだけど、たまに本当《ほんとう》にもっていると、相手《あいて》チームはだまされるんだ。

フラッグフットボールは作戦立《さくせんだ》てがおもしろい！
「走《はし》るのはにがてだけど作戦《さくせん》を考《かんが》えるのはとくい」という人《ひと》も活躍《かつやく》しやすいよ！

ティーボール

自分《じぶん》が打《う》つ番《ばん》になったとき、遠《とお》くにとばそうとしなくてもいい。**3塁側《るいがわ》（左側《ひだりがわ》）にころがすとセーフになりやすいよ。**たとえ自分《じぶん》がアウトになっても、味方《みかた》が1塁《るい》から2塁《るい》に進《すす》めば、チームのためになる。アウトをおそれずに、チームに貢献《こうけん》するのもかっこいい！

タグラグビー

ボールをもっている**味方《みかた》の背中《せなか》**が見《み》えるようにして、走《はし》ってついていこう。自《じ》分《ぶん》がボールをもったら、タグをとられるまで**とにかくまっすぐ走《はし》れ！！**

プレルボール

強《つよ》いボールを打《う》つときは、**片手《かたて》グー**で。味方《みかた》へのパスのときは、**両手《りょうて》パー**で打《う》つと、コントロールしやすいよ。

リズムダンスのコツ

好《す》きなアーティストの曲《きょく》を使《つか》ってもいいの？
イエイ イエイ アムール
もちろん！

まずは、曲《きょく》にのること！

好《す》きな曲《きょく》をきくと、つい口《くち》ずさんだり、体《からだ》がのってきたりするよね。そのノリを、ダンスにしちゃえばいいんだ。体育《たいいく》の時間《じかん》を利用《りよう》して、かっこよくおどれるようになっちゃおう！

はずかしがっていると、よけいかっこ悪《わる》く見《み》えるんだよね。音楽《おんがく》にのって、はずかしい気持《きも》ちをふっきろう！

自分《じぶん》で動《うご》きをつくるなら、ジャンプのアレンジがおすすめ

「自由《じゆう》に体《からだ》を動《うご》かしましょう」、「自分《じぶん》で動《うご》きをつくってみましょう」って、とつぜん言《い》われても、できなくてあたりまえ。こんなときは、ジャンプが使《つか》える！

手《て》を上《あ》げて、ジャンプに合《あ》わせてグーパー、グーチョキさせてみたり、横《よこ》にジャンプ、ななめにジャンプ、両足《りょうあし》でジャンプ、片足《かたあし》ずつジャンプなど、ジャンプのアレンジは無《む》限大《げんだい》！

手《て》を上《あ》げてジャンプ！

片足《かたあし》ずつジャンプ！

友達《ともだち》とのコミュニケーションを楽《たの》しもう

同《おな》じグループの人《ひと》と、「もっとこうしたらうまくおどれるよ」、「こんな動《うご》きをしたらかっこよく見《み》える！」と話《はな》しながらおどると楽《たの》しくなってくる！

クラスメイトの意外《いがい》な一面発見《いちめんはっけん》！

動《うご》きの発明家《はつめいか》

かっこいい！

息《いき》ぴったり！

ほめ上手《じょうず》！

50メートル走《そう》のコツ

ぼく、
足《あし》がおそいことが
一番《いちばん》つらい
ハァハァ
人《ひと》とくらべる
必要《ひつよう》はないよ
はやく走《はし》るコツを
おしえてあげるね

走《はし》る種目《しゅもく》はすべて、自分《じぶん》の記録《きろく》との勝負《しょうぶ》

人《ひと》とくらべずに、昨日《きのう》の自分《じぶん》を超《こ》えられるようにと考《かんが》えて。きゅうにクラスで一番《いちばん》にはなれないけれど、昨日《きのう》の自分《じぶん》なら超《こ》えることができるかもしれない。その積《つ》み重《かさ》ねが大《おお》きな成長《せいちょう》につながるよ。

50m走記録

自分《じぶん》とたたかいながら練習《れんしゅう》を
していたら、いつのまにか
クラスではやいほうになっていた、
なんてこともよくある！
自分との勝負!!

はやく走《はし》るポイント

走《はし》る姿勢《しせい》とスタートダッシュを工夫《くふう》するだけで、ぐんとタイムがちぢまるよ。ためしてみてね！

大《おお》またで走《はし》ることを意識《いしき》

小《こ》またで足《あし》をはやく動《うご》かすよりも、まずは**大《おお》またを**意識《いしき》するほうがタイムがちぢまりやすいよ。

★あごが上《あ》がって、体《からだ》が後《うし》ろにそってしまうと、はやく走《はし》れないよ。

スタートダッシュは反応《はんのう》のはやさがだいじ

一番《いちばん》タイムをちぢめられるのは、じつはスタートダッシュ。保護者《ほごしゃ》や友達《ともだち》に手《て》をたたいてもらって、それをスタートの合図《あいず》にし、すばやく反応《はんのう》できるようになろう。

★前《まえ》に出《だ》した足《あし》に、体重《たいじゅう》をかけて、合図《あいず》を待《ま》とう。

腕《うで》を大《おお》きく速《はや》くふろう

自然《しぜん》と足《あし》も大《おお》きく前《まえ》へ出《で》るようになるよ。**わきをしめ、肩《かた》の力《ちから》をぬいて、体《からだ》のそばで大《おお》きくふる**のがコツ！

体育《たいいく》の時間《じかん》カルタ

あるある

雪《ゆき》よふれ
体育《たいいく》の時間《じかん》は
雪合戦《ゆきがっせん》

どうしてか
思《おも》わぬ方向《ほうこう》
ボールとぶ

どうやった?
着《き》がえがはやい
忍法《にんぽう》かい

体《たい》育《いく》好《ず》き
家《いえ》からジャージ
着《き》てきたよ

先《さき》行《い》くの？
いっしょに走《はし》る
約束《やくそく》は？
ダッ
あれ…？
プールのあと
もう帰《かえ》っても
いいですか
ね・ねむい…
ふわ〜
ラインひき
まっすぐひけるか
競争《きょうそう》だ
ダダー
ダダ
熱《ねつ》がある
ような気《き》がする
休《やす》みたい
いくぞ〜

体育《たいいく》は、だれかと競争《きょうそう》をする授業《じゅぎょう》じゃない

―マラソン、50メートル走《そう》、マット運《うん》動《どう》、とび箱《ばこ》、鉄棒《てつぼう》。

これらの個人競技《こじんきょうぎ》は、自分《じぶん》の記録《きろく》とのたたかいになる。今《いま》までの自分《じぶん》よりも、上手《じょうず》になろう。

―ドッジボール、バスケット、サッカー、リズムダンス。

これらは、チームワークがだいじ。試合《しあい》の勝《か》ち負《ま》けよりも、クラスメイトと力《ちから》を合《あ》わせられるかが重要《じゅうよう》だ。

体育《たいいく》で習《なら》うスポーツの目的《もくてき》は、「自分《じぶん》とのたたかい」と「友達《ともだち》とのコミュニケーション」、このふたつに分《わ》けられる。「昨日《きのう》の自《じ》分《ぶん》よりできるようになった」、「自分《じぶん》はこう役《やく》に立《た》てる」と気《き》がつくと、自信《じしん》がもてるんだ。

こんなふうに、きみの体《からだ》と心《こころ》を成長《せいちょう》させるために「体育《たいいく》」はある。だから、教科《きょうか》の名前《なまえ》が「運動《うんどう》」ではなく「体育《たいいく》」なんだね。

もしきみが運動《うんどう》がにがてなら、なおさら、「どんなふうにチームに役立《やくだ》てるかな」、「昨日《きのう》の自分《じぶん》よりも、うまくできたかな」と考《かんが》えてみて。大《おお》きな視野《しや》をもって授業《じゅぎょう》に参加《さんか》してみてね。

第《だい》3章《しょう》

運動《うんどう》にまつわるおなやみアレコレ

運動《うんどう》ができる・できないのほかにもなやみはいろいろ！

まゆこちゃん、そうなんだよ！
運動《うんどう》がにがてって いうこと以外《いがい》にも、
まだまだなやみは あるのよね
おおっ、みんな……
まゆこちゃん、するどい
ここからは、みんなの おなやみを 解決《かいけつ》していくね！
よろしく お願《ねが》いします!!

体育《たいいく》の時間《じかん》がゆううつで、学校《がっこう》を休《やす》みたい

「体育《たいいく》がイヤ」というだけなら、とりあえず学校《がっこう》には行《い》こう

体育《たいいく》に参加《さんか》する・しないはひとまずおいて、学校《がっこう》には行《い》こう。学校生活《がっこうせいかつ》は、体育《たいいく》がすべてじゃない。友達《ともだち》とおしゃべりしたり、好《す》きな授業《じゅぎょう》があったり。体育《たいいく》が理由《りゆう》で、楽《たの》しいことにも参加《さんか》できないのはもったいないよ。

なぜイヤなのか？ 具体的《ぐたいてき》な理由《りゆう》を挙《あ》げてみて

理由《りゆう》を具体的《ぐたいてき》に言《い》えたら、保護者《ほごしゃ》や先生《せんせい》に相談《そうだん》して、どうしたらいいのかをいっしょに考《かんが》えることもできるよ。

足《あし》がすごくおそくて友達《ともだち》にわらわれるのがつらい！

かたいボールがいきおいよく飛《と》んでくるのが怖《こわ》い！

しっぱいすると、痛《いた》い！

信頼《しんらい》できる大人《おとな》に相談《そうだん》してみよう

保護者《ほごしゃ》や先生《せんせい》に言《い》いづらい場合《ばあい》もあるかもしれない。そんなときは、保健室《ほけんしつ》の先生《せんせい》や、となりのクラスの先生《せんせい》など、話《はな》せそうな大人《おとな》に相談《そうだん》してみよう。

無理《むり》をしすぎる必要《ひつよう》はないよ。人《ひと》の目《め》は気《き》にしない、昨日《きのう》の自分《じぶん》より成長《せいちょう》していたらOKと思《おも》えばがんばれるかも！

休《やす》み時間《じかん》のドッジボールがつらい

にがてでも参加《さんか》してみたいなら、参加《さんか》のしかたを工夫《くふう》してみて

自分《じぶん》でもわかっていると思《おも》うけど、やるかやらないかは自由《じゆう》。
だけどもし、参加《さんか》したい気持《きも》ちがあるなら、こんなまざりかたはどう？

・外野《がいや》をやってみる

外野《がいや》ならボールを当《あ》てられる心配《しんぱい》がない。人《ひと》にボールを当《あ》てようとしなくても、味方《みかた》どうしでパスしあうだけで、敵《てき》チームをかきみだすことができるぞ。

・声《こえ》かけをがんばる

ボールをうまく投《な》げられないなら、声《こえ》かけだけでもOK。
その場《ば》の雰囲気《ふんいき》がもりあがるから、自分《じぶん》もみんなも楽《たの》しい気分《きぶん》になるよ。

この本《ほん》の36ページに、ドッジボールのコツが書《か》いてあるよ。ボールにさわるのが怖《こわ》いなら、にげるのを楽《たの》しむだけでもいい!

第3章

「ふたり組《ぐみ》つくって」って言《い》わないで!

気《き》まずい雰囲気《ふんいき》にならずにすむ方法《ほうほう》は、いくつかある！

・じゃんけんで決《き》める

3人《にん》のうちだれかが「わたし、ほかと組《く》むよ」って言《い》いだすのを待《ま》っていると、気《き》まずくなる！ きみが最初《さいしょ》に「じゃんけんで決《き》めよう」と言《い》ってみて。じゃんけんで決《き》まったことなら、みんな納得《なっとく》できるはず。

・順番《じゅんばん》を決《き》める

ひとりはなれる人《ひと》を交替制《こうたいせい》にするのもアリ。順番《じゅんばん》でまわっていくから平等《びょうどう》だよね。

・ほかの3人組《にんぐみ》や5人組《にんぐみ》のグループを見《み》つける

むこうもひとりあまっているはずだよね。「いっしょに組《く》まない?」って言《い》ってみて。声《こえ》をかけるときに、みんなでいっしょに行《い》けば気《き》まずくならないよ。

つらい状況《じょうきょう》なら、先生《せんせい》に相談《そうだん》をしてみて。「前回《ぜんかい》とはちがう子《こ》と組《く》むこと」、「出席番号《しゅっせきばんごう》や背《せ》の順《じゅん》などで決《き》めること」などにしてもらえるかも。

8の字《じ》とびも、大《おお》なわとびもにがて！

アドバイス

コツをつかめば、しっぱいがへるかも！

しっぱいした人《ひと》だけが悪《わる》いんじゃない。
なわをまわす人《ひと》の調子《ちょうし》やみんなではげましあうことがカギになるんだ。
チームワークが大切《たいせつ》なんだよ！

● 8の字《じ》とびのコツ

なわをまわしている人《ひと》の真横《まよこ》から、もう一方《いっぽう》でまわしている人《ひと》の真横《まよこ》をめざすといいよ。

とくいな人《ひと》の前《まえ》にならんで、なわに入《はい》っていくタイミングを教《おし》えてもらおう。「今《いま》だよ！」と肩《かた》をたたいて合図《あいず》してもらうのもいいね。
ぽん
対角線上《たいかくせんじょう》に一直線《いっちょくせん》にぬけて
なわの真《ま》ん中《なか》でとぶようにしよう

● 大《おお》なわとびのコツ

真《ま》ん中《なか》はなわが一番低《いちばんひく》いから、とびやすい！
ひっかからないように、ひざを90度《ど》にまげて、地面《じめん》との距離《きょり》をつくろう。

真《ま》ん中《なか》に入《い》れてもらおう
ひざを高《たか》く上《あ》げてジャンプ

みんな運動《うんどう》はとくい？ 体育《たいいく》の時間《じかん》は好《す》き？

参加《さんか》メンバー

かな　運動《うんどう》も体育《たいいく》の時間《じかん》も大《だい》きらい！

れん　運動《うんどう》も体育《たいいく》の時間《じかん》も大《だい》すき！

やまと　運動《うんどう》は好《す》きだけど、体育《たいいく》の時間《じかん》はにがて

かな　わたしは運動《うんどう》も体育《たいいく》も大《だい》きらいなんだけど、みんなはどう？

やまと　ぼくは、運動《うんどう》は好《す》きだけど、体育《たいいく》になるとビミョウかも。

れん　オレは体育《たいいく》も運動《うんどう》も大好《だいす》き！　野球《やきゅう》クラブにも入《はい》ってるし。

かな　いいなぁ。

れん　毎日毎時間《まいにちまいじかん》、体育《たいいく》でもいいと思《おも》ってる。

かな　そうなんだ……。わたし、れんくんとはわかりあえないかも。

やまと　どうして？

かな　わたしは体育《たいいく》だけ成績《せいせき》が悪《わる》いし、体育《たいいく》のせいで運動自体《うんどうじたい》がきらいになっちゃった。

れん　何《なに》かいやなことがあったの？

かな いつもいやだけど、とくにいやだったのが、このあいだのとび箱《ばこ》の授業《じゅぎょう》のときで。

やまと とび箱《ばこ》、ぼくもにがてだな。

かな わたしだけずっと3段《だん》がとべなかったの。とべた人《ひと》から、4段《だん》、5段《だん》ってレベルが上《あ》がっていくんだけど、3段《だん》の列《れつ》にならんでるのが、わたしひとりになっちゃったんだよね。

れん そういう子《こ》、いるよね。でも、みんな、おうえんしたりしない？

かな うん、うちのクラスもわたしがとぶときに、みんな「がんばれー」って声《こえ》をかけてくれた。だけどとべなくて、よけいに泣《な》きたい気持《きも》ちになっちゃった。

やまと その気持《きも》ち、わかるなぁ。ぼくは体《からだ》を動《うご》かすこと自体《じたい》は好《す》きなんだけど、体育《たいいく》の時間《じかん》にさらしものみたいになるのがいやなんだよね。

れん オレ、けっこう運動《うんどう》できるほうだから、おうえんすることが多《おお》いんだけど、たぶんみんな、かなちゃんが、がんばってたから、おうえんしたくなったんじゃないかな。

かな うーん、そうなのかなぁ。

れん まぁ、こっちの気持《きも》ちなんて知《し》ったこっちゃないと思《おも》うけど……。

かな　でも、おうえんしてくれた人《ひと》の気持《きも》ちがわかって、プレッシャーに感《かん》じなくてもいいんだって今《いま》わかった！

やまと　れんくんは、体育《たいいく》の授業《じゅぎょう》を物足《ものた》りないと思《おも》ったりしないの？

れん　うーん、「もうできるのにな」とは思《おも》うけど、べつにいやではないかな。

かな　やまとくんは水泳習《すいえいなら》ってるんだよね。

やまと　うん。だかられんくんの「もうできるのにな」って感覚《かんかく》、ちょっとわかるなぁ。ぼくの場合《ばあい》は水泳《すいえい》しかできないけどね（笑《わらい》）。

かな　運動《うんどう》ができない人《ひと》のことを足手《あしで》まといって思《おも》ったりしてない？

やまと　あ、ぼくもそれ知《し》りたい。

れん　ぜんぜん思《おも》ってないよ。体育《たいいく》のときは、みんなで運動《うんどう》する感《かん》じが楽《たの》しい。かなちゃんも、

授業中《じゅぎょうちゅう》に勉強《べんきょう》ができない人《ひと》のことを足手《あしで》まといとは思《おも》わないでしょ。

かな　たしかに。ぜんっぜん思《おも》わない。

れん　オレは勉強大《べんきょうだい》っきらいなんだけどね（笑《わらい》）。

やまと　勉強《べんきょう》はだいじだぜ。

れん　体育《たいいく》だってだいじだぜ。

やまと

勉強《べんきょう》も体育《たいいく》も、とくいな子《こ》もにがてな子《こ》も、みんなではげましあったりおしえあったりするのが楽《たの》しいってことだよね。

かな

そう考《かんが》えたら、体育《たいいく》の時間《じかん》をつらいって思《おも》わなくていいのかな。

れん

オレも勉強《べんきょう》がちょっとはいやじゃなくなるかな〜！

「人《ひと》」とは一生《いっしょう》つきあっていくことになる。
将来《しょうらい》どんな仕事《しごと》をするとしても、
人《ひと》とのかかわりが少《すこ》しもない職業《しょくぎょう》なんてありえないんだ。
体育《たいいく》の時間《じかん》は、コミュニケーションを学《まな》ぶ場《ば》でもある。
みんなのいろんな面《めん》を発見《はっけん》できる
社会勉強《しゃかいべんきょう》のいい機会《きかい》だと思《おも》って挑《いど》んでみて。

運動《うんどう》クラブ、どこに入《はい》ったらいい？

4-2
今日《きょう》から4年生《ねんせい》なのだ。
おはよー！クラブ決《き》めた？
そう、4年生《ねんせい》からクラブ活動《かつどう》がある。
パソコンクラブとか、あったら入《はい》りたかったけど……
運動《うんどう》クラブしかないうちの学校《がっこう》ってイケてないぜ
そう、オレたちの学校《がっこう》は小《ちい》さいから運動《うんどう》のクラブしかないのである。
オレはやっぱバスケかなー
運動《うんどう》がにがてなオレたち。そんな人《ひと》でも楽《たの》しめる運動《うんどう》クラブってあるのかな？

アドバイス

雰囲気《ふんいき》もふくめて、自分《じぶん》に合《あ》ったクラブを見《み》つけよう

クラブ活動《かつどう》は、ひとつのスポーツにじっくり取《と》り組《く》むチャンス。
勇気《ゆうき》をもって、気《き》になったクラブにとびこんでみて！

どんなスポーツでもアリ！

練習《れんしゅう》すればできるようになるもの。クラブに入《はい》らなかった自分《じぶん》よりは、かならず上達《じょうたつ》しているよ！ 少《すこ》しでも「できそう」「楽《たの》しそう」と思《おも》ったものにトライしてみて。

テニス

バドミントン

卓球《たっきゅう》

陸上《りくじょう》

などなど

クラブえらびは情報戦《じょうほうせん》！

クラブによって、「練習《れんしゅう》がきびしい」「わきあいあいとしている」など、雰囲気《ふんいき》がちがう。クラブ見学《けんがく》のときにしっかり見《み》て、スポーツの種類《しゅるい》にこだわらずに、自分《じぶん》に合《あ》いそうな雰囲気《ふんいき》のところに入《はい》ってみるのもおすすめだよ！

きびしそうだけど、かっこいいなあ
楽《たの》しそうだし、先生《せんせい》もやさしそう
8秒6！
はい できたー
運動《うんどう》に自信《じしん》のない人《ひと》には、自分《じぶん》のペースでがんばれる個人競技《こじんきょうぎ》がおすすめ！

年下《とした》の子《こ》にレギュラーをうばわれた

これは、きみにとって いろんなチャンスだ

今《いま》の状況《じょうきょう》は、つらいと思《おも》う。だけど、こんなふうに考《かんが》えてみてほしい。

もっと強《つよ》くなるチャンス

クラブや部活《ぶかつ》は、体育《たいいく》の時間《じかん》とちがって実力《じつりょく》勝負《しょうぶ》の世界《せかい》だ。相手《あいて》の強《つよ》さをみとめることで「もっと強《つよ》くなろう」と思《おも》えるぞ。

人生《じんせい》がドラマチックになるチャンス

一度《いちど》レギュラーをはずされて、もう一度《いちど》レギュラーにもどれたら、ドラマチックだと思《おも》わない? マンガの主人公《しゅじんこう》みたいだよ。

今《いま》、この経験《けいけん》ができたことはすごい!

かなりショッキングだよね。でも、人《ひと》の痛《いた》みがわかるようになったと思《おも》うよ。きみは前《まえ》より大《おお》きい人間《にんげん》になれたということだ。

後輩《こうはい》も、プレッシャーを感《かん》じているはず

きみにどう思《おも》われているか、活躍《かつやく》できなかったらどうしようかと、後輩《こうはい》もなやんでいるはず。おたがいがんばろうという気持《きも》ちでいよう。

これで終《お》わりじゃないし、プロの選手《せんしゅ》にだって補欠《ほけつ》はいる。もう一度《いちど》レギュラーになれるように、もうひとがんばりしてみてほしい!!

優《ゆう》勝《しょう》のプレッシャーがつらい

がんばっている自分《じぶん》をみとめてあげよう

「プレッシャーがつらい」とまわりに打《う》ち明《あ》けてみるのも手《て》。話《はな》してみたらきっと楽《らく》になる。「キャプテンも大変《たいへん》なんだ」とまわりも気《き》がつくよね。弱《よわ》い部分《ぶぶん》を見《み》せても大丈夫《だいじょうぶ》だよ。

きみががんばっているから、まわりはおうえんしたくなる

努力《どりょく》してがんばっているきみをみんな知《し》っている。だから、少《すこ》しでもきみの力《ちから》になりたくて、おうえんしているんだ。もし負《ま》けても、きみのことを責《せ》めないよ。

だって、負《ま》けて一番《いちばん》くやしいのはきみだってことをみんなわかっているからね

がんばっているからこそ、プレッシャーを感《かん》じる

きみはチームのために、よくがんばっている。だからこそ、プレッシャーを感《かん》じるんだ。プレッシャーはあってあたりまえだよ。

勝《か》っても負《ま》けても、「プレッシャーとたたかった」という経験《けいけん》が、この先《さき》の人生《じんせい》に役立《やくだ》つはずだよ

生理《せいり》のときって体育《たいいく》を休《やす》んでいいの？

アドバイス

生理《せいり》のつらさは、人《ひと》それぞれ。つらいなら休《やす》もう

無理《むり》をしないで。出席《しゅっせき》してもしなくてもいい

生理《せいり》のときに体育《たいいく》に出《で》ている子《こ》がいても、友達《ともだち》は友達《ともだち》。自分《じぶん》は自分《じぶん》。気《き》にしなくて大丈夫《だいじょうぶ》。

少《すこ》しお腹《なか》が重《おも》い感《かん》じがするけど、そんなにつらくないよ。
今日《きょう》も明日《あした》も、学校《がっこう》を休《やす》みたいほどつらい……！

生理《せいり》のつらさは個人差《こじんさ》が大《おお》きいんだ。人《ひと》とくらべなくていいんだよ

先生《せんせい》に言《い》いづらかったら、保護者《ほごしゃ》や保健《ほけん》の先生《せんせい》に伝《つた》えよう

もし、担任《たんにん》の先生《せんせい》や体育《たいいく》の先生《せんせい》に言《い》いづらいなら、前《まえ》もって保護者《ほごしゃ》に伝《つた》えて、体育《たいいく》は見学《けんがく》という連絡《れんらく》をしてもらおう。直前《ちょくぜん》につらくなったら、保健《ほけん》の先生《せんせい》に伝《つた》えてみて。

10/12
今日は体調が悪いので体育は見学させてください。

生理痛《せいりつう》の症状《しょうじょう》がなくても、生理中《せいりちゅう》の運動《うんどう》が心配《しんぱい》なときは、無理《むり》をしなくて大丈夫《だいじょうぶ》だよ

運動《うんどう》は、見《み》る楽《たの》しみもある！

体育《たいいく》やクラブ活動《かつどう》でいろいろな運動《うんどう》をしてみて、興味《きょうみ》がわいたスポーツはあるかな？　スポーツは、やるだけじゃなくて、見《み》るのも楽《たの》しいんだ。

野球《やきゅう》、サッカー、フィギュアスケート、バレーボールなどは、よくテレビで放映《ほうえい》されているよね。

がんばっている人《ひと》をおうえんするのって、気持《きも》ちがいいし感動《かんどう》するもの。お気《き》に入《い》りのチームや選手《せんしゅ》ができて、いっしょにくやしがったり、よろこんだりするのも、また楽《たの》しい。

ひとつのスポーツをたくさん見《み》てくわしくなるのもよし、いろいろ見《み》てみてハマれるものをさがしてもよし。

世界《せかい》の試合《しあい》を見《み》るのもいいし、高校野球《こうこうやきゅう》やU《アンダー》18の大会《たいかい》（18歳以下《さいいか》の選手《せんしゅ》が出場《しゅつじょう》する大会《たいかい》）など、お兄《にい》さんやお姉《ねえ》さんたちの試《し》合《あい》を見《み》るのもいいね。友達《ともだち》が出《で》るクラブの試合《しあい》を見《み》に行《い》くのもおすすめだよ。

おうえんされるととってもうれしいもの。

きっときみが思《おも》っているよりも何倍《なんばい》もの力《ちから》になって、選手《せんしゅ》たちに届《とど》いているよ。

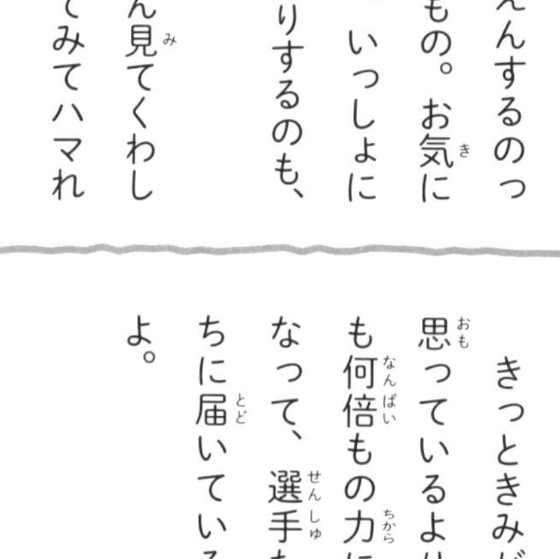

第《だい》4章《しょう》

待《ま》ちに待《ま》った!?運動会《うんどうかい》!

もうすぐ運動会《うんどうかい》……

運動会《うんどうかい》は一日《いちにち》にしてならず！クラスごとの自主練《じしゅれん》、係決《かかりぎ》め、選手《せんしゅ》えらび、リレーのリハーサル……
われわれ子《こ》どもたちは、1か月前《げつまえ》から運動会《うんどうかい》のことで頭《あたま》がいっぱいなんだよ
え？だから楽《たの》しいんじゃないの？
!? どういうこと？
そう！それだけ運動会《うんどうかい》は、だれでもかつやくできる場《ば》があるってことなんだよ
せっかくの運動会《うんどうかい》だし、ふたりとも運動会月間《うんどうかいげっかん》を楽《たの》しんでみたらどうかな？

全員《ぜんいん》が輝《かがや》ける運動会《うんどうかい》に

1

まんがは82ページに続《つづ》く！

運動会《うんどうかい》をささえる係《かかり》いろいろ！

用具《ようぐ》をすばやく準備《じゅんび》して、競技中《きょうぎちゅう》は
トラブルがないか見守《みまも》るよ

用《よう》具《ぐ》係《がかり》

けがをした人《ひと》を保健《ほけん》の先生《せんせい》の
ところにつれていくよ

救《きゅう》護《ご》係《がかり》

みんなのおうえんを
リードしていくよ

おうえん団《だん》

低学年の子《こ》のお世話《せわ》をする。
「トイレに行《い》きたい」と言《い》われたら、
つれていってあげるよ

見守《みまも》り係《がかり》

学校《がっこう》によって、係名《かかりめい》がちがったり、このほかにも
いろいろな係《かかり》があったりするよ。
係《かかり》の役割《やくわり》をこなしていると、「運動会《うんどうかい》をみんなで
つくりあげている」っていう気持《きも》ちが高《たか》まって、
競技以外《きょうぎいがい》でも楽《たの》しめるはずさ！

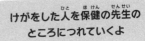

〜練習《れんしゅう》〜
明日《あした》は8の字《じ》とびの朝練《あされん》をしたいと思《おも》います
帰りの会
朝《あさ》8時《じ》に校庭《こうてい》に集《あつ》まってください
えー
朝《あさ》ってにがてなのよね
がや
がや
翌朝《よくあさ》
これだけ……?
どうしたらいいの……
朝《あさ》の会《かい》
係《かかり》からの連絡《れんらく》は何《なに》かありますか
はい!

2

3

次《つぎ》のページに続《つづ》く!

でもさ、練習《れんしゅう》したら、絶対《ぜったい》優勝《ゆうしょう》できると思《おも》うんだ
まゆこちゃん!
うん
オレも、そう思《おも》う
だよね
ザワ
ザワ
優勝《ゆうしょう》したいよね
たしかに
それなら、運動神経《うんどうしんけい》バツグンのれいくんが来《き》てくれないとはじまらないよね?
ちらっ
ギクッ
しょ、しょうがねーなー!
こうなったら……
運動会《うんどうかい》までドッジボールは週《しゅう》2でがまんするよ!
ワハハハハハッ

4

まんがは88ページに続《つづ》く！

5

競技《きょうぎ》のコツあれこれ

リレー

足《あし》のはやさに自信《じしん》がなかったら、
走《はし》る順番《じゅんばん》を前《まえ》のほうにしてもらおう。
あとからはやい人《ひと》に
追《お》い上《あ》げてもらえるかも

バトンをわたすスピードが勝敗《しょうはい》を分《わ》ける！

「はやく走《はし》れないから、チームの足《あし》をひっぱってしまう」と思《おも》うかもしれないけど、一番《いちばん》のカギはチームワークなんだ。バトンのわたし方《かた》しだいで、タイムはいくらでもちぢめられるんだよ。

下《した》でささえる人《ひと》が、
ぐらつかないことが
一番重要《いちばんじゅうよう》だよ！

騎馬戦《きばせん》

対戦相手《たいせんあいて》と戦《たたか》う人《ひと》は両手《りょうて》で組《く》み合《あ》おう

帽子《ぼうし》を取《と》ろうと手《て》をはなすと、相手《あいて》も手《て》が自由《じゆう》になるから逆《ぎゃく》に取《と》られてしまうことも。両手《りょうて》をにぎりあったまま、その手《て》を相手《あいて》の帽子《ぼうし》までもっていくとうまくいくぞ。

ダンス

音楽《おんがく》にのって楽《たの》しめたらOK！

はずかしがりながらやると、よけいにカッコ悪《わる》く見《み》えるから要注意《ようちゅうい》。

組体操《くみたいそう》

練習《れんしゅう》の積《つ》み重《かさ》ねが実《み》をむすぶ！

人《ひと》と人《ひと》で、ひとつの作品《さくひん》をつくる。なかなかできないことだよね。これはもう、練習《れんしゅう》を重《かさ》ねるしかない。練習《れんしゅう》のたびに前進《ぜんしん》するよ。安全《あんぜん》にはよーく気《き》をつけて、無理《むり》はしないこと。

「1、2、1、2」の
声出《こえだ》しがだいじ！

二人三脚《ににんさんきゃく》

足《あし》をそろえることがスピードを上《あ》げるコツ

声出《こえだ》しをしながら、足《あし》の動《うご》きをそろえよう。練習《れんしゅう》を重《かさ》ねるごとに、息《いき》が合《あ》っていくよ！

～当日《とうじつ》の朝《あさ》～
姉《ねえ》ちゃん、学校《がっこう》行《い》くよ！
まゆこならもう とっくに行《い》ったわよ
なんで!?
高学年《こうがくねん》の子《こ》たちは 朝早《あさはや》く行《い》って、 校庭《こうてい》の石《いし》をひろうのよ
みんながころんで けがをしない ようにね
そっかぁ、 だから 運動会《うんどうかい》の日《ひ》の 校庭《こうてい》って なんだか走《はし》り やすかったんだ
じゃ、あとで おうえん 行《い》くから！ がんばってね！
うん！ 行《い》ってきます！

7

次《つぎ》のページに続《つづ》く!

8

次《つぎ》のページに続《つづ》く！

9

ワー
ワー
ワー
ワー
しーーん
優勝《ゆうしょう》は……
赤組《あかぐみ》です
やったーー!!
やったわね
ちくしょう……
でも、姉《ねえ》ちゃん、おめでとう

負《ま》けてもそう言《い》えるなんて、かっこいいじゃん
やるー♡
ヒュー♡
てへ
まあね
選手宣誓《せんしゅせんせい》やおうえん団《だん》、リレーの選手《せんしゅ》などの目立《めだ》つ役割《やくわり》も
救護係《きゅうごがかり》や招集係《しょうしゅうがかり》、長《なが》なわや騎馬戦《きばせん》で作戦《さくせん》を考《かんが》える人《ひと》など、縁《えん》の下《した》の力《ちから》もちも、どちらもだいじ。
いけー！
運動会《うんどうかい》は全員《ぜんいん》が輝《かがや》いていた。
ね！運動会《うんどうかい》、楽《たの》しかったでしょ？
楽《たの》しかった！
The End

スポーツにかかわる仕事《しごと》ってたくさんある！

将来《しょうらい》はスポーツ選手《せんしゅ》になりたい！ という人《ひと》、多《おお》いよね。

じゃあ、「スポーツ選手《せんしゅ》になりたいわけじゃないけど、スポーツにかかわる仕事《しごと》がしたい」と思《おも》っている人《ひと》はいるかな。じつは、スポーツにかかわる仕事《しごと》って、スポーツ選手以外《せんしゅいがい》にもたくさんあるんだ。

プロ野球《やきゅう》にかかわる仕事《しごと》だけでもこんなにある！

ⓐスポーツライター

ⓑスポーツカメラマン

ⓒアナウンサー

ⓓスコアラー

ⓔ 監督《かんとく》

ⓕコーチ

ⓖ 警備員《けいびいん》

ⓗ 通訳《つうやく》

ⓘ 審判員《しんぱんいん》

ⓙ 売《う》り子《こ》さん

ⓚグラウンドキーパー

ⓛトレーナー

ⓜ 球団《きゅうだん》スタッフ

ⓝチケット販売員《はんばいいん》

いろんな仕事《しごと》の人《ひと》に
ささえられて、
選手《せんしゅ》や試合《しあい》は成《な》り立《た》って
いるんだね。

ほかにも、こんな仕事《しごと》もあるよ！

スポーツ界《かい》をささえる仕事《しごと》を通《とお》して、ずっとスポーツにかかわっていくことができる。みんなの身近《みぢか》なところだと、体育《たいいく》の先生《せんせい》や、スポーツ用品店《ようひんてん》の店員《てんいん》さんなどもそうだよ。興味《きょうみ》をもったら、調《しら》べてみてね。

スポーツ専門《せんもん》の栄養士《えいようし》

選手《せんしゅ》の体《からだ》に必要《ひつよう》な栄養《えいよう》を考《かんが》えるよ。

リハビリトレーナー

選手《せんしゅ》の健康《けんこう》やケガの回復《かいふく》をサポートするよ。

スポーツプロモーター

10/15
世紀の一戦
in東京ド

スポーツのイベントを考《かんが》え、進行《しんこう》するよ。

新聞記者《しんぶんきしゃ》になって、
スポーツ記事《きじ》の担当《たんとう》になる、
ということでもスポーツに
かかわっていけるね

スポーツ用品《ようひん》の研究《けんきゅう》・開発《かいはつ》

使《つか》いやすくて記録《きろく》がのびる道具《どうぐ》をつくるよ。

第《だい》5章《しょう》

先輩《せんぱい》たちからのメッセージ

大人《おとな》になっても運動《うんどう》するの？ 運動《うんどう》が好《す》きになるの？

心配《しんぱい》する必要《ひつよう》なんてない!
ガコン
パチ パチ パチ
ターーン
スゴ!!
大人《おとな》になったら、運動《うんどう》が好《す》きになることもあるし
運動《うんどう》へのかかわり方《かた》っていろいろあるんだよ
先輩《せんぱい》たちの話《はなし》をきいてみない?
よろしくお願《ねが》いします

なんでもいい。自分《じぶん》が夢中《むちゅう》になれることを見《み》つけるんだ！

三宅克己《みやけかつみ》（46歳《さい》）

車《くるま》いすバスケットボール選手《せんしゅ》

今《いま》も昔《むかし》も、運動《うんどう》が大好《だいす》き！　だけど、みんなに「運動《うんどう》を好《す》きになって！」って言《い》うつもりはないんだ――

●プロフィール●

パラリンピック車《くるま》いすバスケットボール元《もと》日本代《にほんだい》表選手《ひょうせんしゅ》。日本代表《にほんだいひょう》として1996年《ねん》のアトランタ大会《たいかい》から3大会連続《たいかいれんぞく》でパラリンピックに出場《しゅつじょう》。2004年《ねん》のアテネ大会翌年《たいかいよくねん》に選手《せんしゅ》を引退《いんたい》。現在《げんざい》は障《しょう》がい者《しゃ》スポーツを広《ひろ》める活動《かつどう》に力《ちから》を入《い》れる。

ぼくは小《ちい》さなころから
運動《うんどう》が大好《だいす》きで
とくいでもあった。
カキーン
田舎《いなか》に住《す》んでいて
保育園《ほいくえん》なんて
山《やま》を3つもこえた
ところにあったから、
体力《たいりょく》がついたんだ。
保育園

運動神経《うんどうしんけい》はばつぐん！
体力測定《たいりょくそくてい》では、いつもメダルをもらっていた。
金
スゲー
それに、プロのサッカー選手《せんしゅ》にあこがれて、毎日《まいにち》ボールをけって遊《あそ》んでいたよ。
バシ
だけど夏《なつ》だけは体育《たいいく》がゆううつだった……
ギラギラ
この季節《きせつ》がきた……！
なぜなら、ぼくは水泳《すいえい》が大《だい》のにがて！
どぼん
下手《へた》くそだし、おそいし……
運動《うんどう》の全部《ぜんぶ》がとくいというわけではなかったんだ。
バシャバシャ
くるしー

第5章

サッカーが大好《だいす》きだったぼくは、中学校《ちゅうがっこう》でサッカー部《ぶ》に入部《にゅうぶ》。高校《こうこう》でももちろん続《つづ》けようと思《おも》ったんだけど……
うちはサッカー部《ぶ》、ないんだよ
え――――!
どうしよ……
ん?
ラグビーも、ボールをけるスポーツなんだな……
よし、ラグビー部《ぶ》に入《はい》ろう!
ラグビーがとっても強《つよ》い高校《こうこう》だったから、練習《れんしゅう》はとてつもなくきびしかった。
ドガ
まだまだぁ!
だから、足腰《あしこし》には、自信《じしん》があったんだ。
もっと速く!!

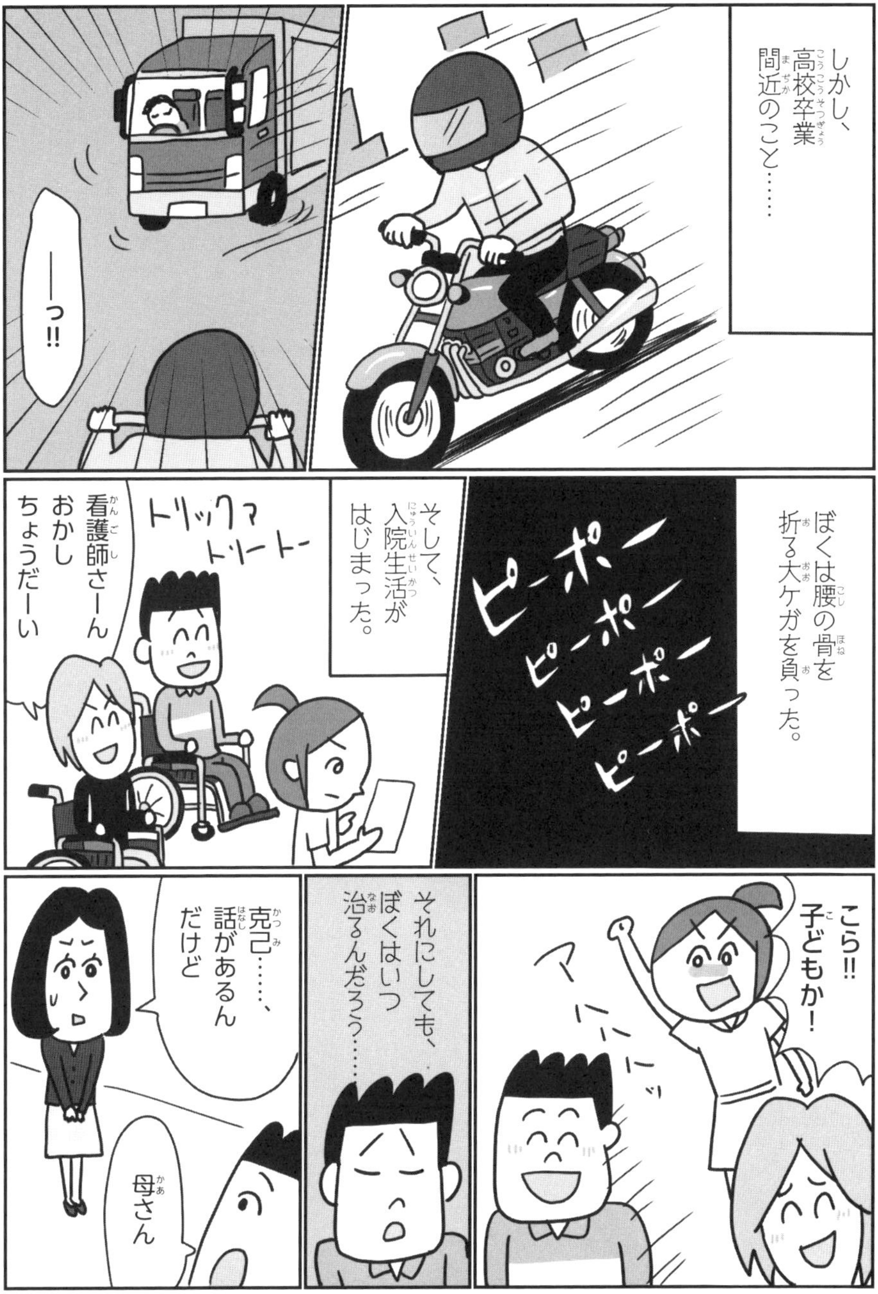
しかし、
高校卒業《こうこうそつぎょう》
間近《まぢか》のこと……
——っ!!
ぼくは腰《こし》の骨《ほね》を
折《お》る大《おお》ケガを負《お》った。
ピーポー ピーポー ピーポー ピーポー ピーポー
そして、
入院生活《にゅういんせいかつ》が
はじまった。
看護師《かんごし》さーん
おかし
ちょうだーい
トリックア トリート—
こら!!
子《こ》どもか!
アハハハハッ
それにしても、
ぼくはいつ
治《なお》るんだろう……
克己《かつみ》……、
話《はなし》があるん
だけど
母《かあ》さん

あんたの足《あし》は、もうずっと治《なお》らない。このまま車《くるま》いす生活《せいかつ》なの
え……
このとき、ぼくは絶望的《ぜつぼうてき》な気持《きも》ちになった。
これからどうやって生活《せいかつ》していったらいいんだろう。
うおおおおお…
ガッ
仕事《しごと》は、趣味《しゅみ》は、恋愛《れんあい》は……？やりたいことなんにもできないじゃないか……！
そんなある日《ひ》――
うちの車《くるま》いすバスケのチームに入《はい》らない？
え？なんすかそれ？
うちのチームに入《はい》ってよ！
入《はい》りません……どうせ、リハビリていどでしょう

運動経験《うんどうけいけん》があって若《わか》く、体格《たいかく》のいいぼくの話《はなし》をききつけて、いろいろな人《ひと》がさそいに来《き》たんだ。
車《くるま》いすバスケ？ じょうだんじゃない！ ぼくはずっと運動《うんどう》がとくいで、名門校《めいもんこう》のラグビー部員《ぶいん》だったんだぞ！
そんなとき、ある人《ひと》と知《し》り合《あ》った。
車《くるま》いすバスケ、きょうみある？
ありません
あ、そう。じゃ、また来《く》るね
スーッ
……
またべつの日《ひ》――
よう、元気《げんき》？
今日《きょう》は調子《ちょうし》がよくて、さんぽに出《で》ました
そっか。そろそろ紅葉《こうよう》の季節《きせつ》だね
その人《ひと》は、何度《なんど》も何度《なんど》もぼくに会《あ》いに来《き》た。そして、いろんな話《はなし》をしてくれた。

家族《かぞく》にも友達《ともだち》にも話《はな》せなかったくるしみを、わかってくれる人《ひと》だった。
ぼく、働《はたら》けますか
あたりまえだろ。みーんな仕事《しごと》してるぞ
電車《でんしゃ》も飛行機《ひこうき》も、もう乗《の》れないですよね
乗《の》れるよ。知《し》らないのか
家《いえ》を改造《かいぞう》しないと、くらせないですよね。それにはお金《かね》がすごくかかる……
そんなことないから大丈夫《だいじょうぶ》
未来《みらい》に希望《きぼう》をもてる話《はなし》をたくさんきいた。
そうだ、車《くるま》いすバスケの試合《しあい》、今度《こんど》見《み》に来《こ》ない？
見《み》るだけなら……
このときに見《み》た試合《しあい》が、ぼくの人生《じんせい》を変《か》えることになった。

なんだ
これは……
ガッ
ぼくの暗《くら》い
入院生活《にゅういんせいかつ》は
なんだったんだ
ガシャ
すごいだろう?
障《しょう》がいがあっても、
スポーツをやれる
世界《せかい》なんだ
みんな仕事《しごと》をして、
結婚《けっこん》して子《こ》どももいる。
社会人《しゃかいじん》として立派《りっぱ》に
やっている人《ひと》たちだよ
夜遊《よあそ》びしたり、
お酒《さけ》を飲《の》みに
行《い》ったりも
してるしね
シュパ
障《しょう》がい者《しゃ》だって、
べつにふつう
なんだよ
……ぼく、
車《くるま》いすバスケ、
やります!

その日《ひ》から、ぼくの生活《せいかつ》は車《くるま》いすバスケ漬《づ》けになった。
ガシャーン
ガッ
くそっ
昼間《ひるま》は働《はたら》き、終《お》わるとすぐに練習《れんしゅう》の毎日《まいにち》。
そうだ!
ぼくは、障《しょう》がい者《しゃ》の星《ほし》になろう。
ガッ
障《しょう》がいがあっても、こんなにも輝《かがや》けるってことを証明《しょうめい》するんだ!
パサーッ
ワーワー

パラリンピックの日本代表《にほんだいひょう》を目指《めざ》した。
代表入《だいひょうい》りは、過酷《かこく》な練習《れんしゅう》を重《かさ》ねてもつかみとれないほどきびしい道《みち》。
JAPAN
ぼくは仕事《しごと》を辞《や》めて、日本全国《にほんぜんこく》、そして海外《かいがい》まで武者修行《むしゃしゅぎょう》に行《い》った。
ちゃんと乗れた
カモン！
USA
USA
バスケの練習《れんしゅう》と
負けないぞ!!
USA
勉強《べんきょう》にはげむ日々《ひび》……！
BASKET BALL
バスケのためなら、勉強《べんきょう》ギライでも、勉強《べんきょう》できるもんだな
血《ち》のにじむような努力《どりょく》の結果《けっか》、ぼくはパラリンピックの日本代表選手《にほんだいひょうせんしゅ》になれた！
ワー
ワー
またおまえが得点王《とくてんおう》だな!!
おう！
JAPAN
JAPAN

優勝回数《ゆうしょうかいすう》は70回《かい》以上《いじょう》、
得点王《とくてんおう》にも30回以上《かいいじょう》なり、
充実《じゅうじつ》した選手生活《せんしゅせいかつ》。
スパッ
そして、ぼくは32歳《さい》のときに引退《いんたい》した。
三宅克己講演会
みんな、好《す》きなことはありますか？
野球《やきゅう》！
食《た》べることが好《す》き！
ゲームが好《す》き！
好《す》きなことなんて、ない！
アハハハハ
わかる！
うん、みんな、そのままでいいんだよ

障《しょう》がいってそんなに特別《とくべつ》なことじゃない。
個性《こせい》のひとつなんだ。どんな人《ひと》でもみんな絶対《ぜったい》に
かがやける場所《ばしょ》があるんだよ。

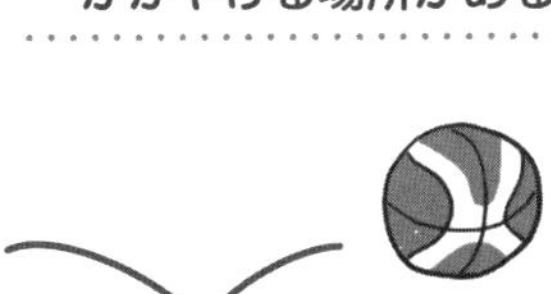

中田崇志《なかたたかし》（38歳《さい》）

マラソン伴走者《ばんそうしゃ》

ぼくは、目《め》の見《み》えないマラソン選手《せんしゅ》といっしょに走《はし》る「伴走者《ばんそうしゃ》」をしている。大人《おとな》になっても、いろいろな方法《ほうほう》でスポーツを続《つづ》けられるんだ。

●プロフィール●

1979年《ねん》生《う》まれ。会社《かいしゃ》に勤《つと》めながら、視覚障《しかくしょう》がいがある人《ひと》のマラソン伴走者《ばんそうしゃ》として活躍《かつやく》する。高橋勇市選手《たかはしゆういちせんしゅ》を伴走《ばんそう》して金《きん》メダルを獲得《かくとく》した2004年《ねん》パラリンピック・アテネ大会《たいかい》や、和田伸也選手《わだしんやせんしゅ》を伴走《ばんそう》して金《きん》メダルを獲得《かくとく》した2017年《ねん》ワールドカップなど、数々《かずかず》の世界大会《せかいたいかい》に出場《しゅつじょう》し実績《じっせき》を残《のこ》している。

運動《うんどう》を楽《たの》しむコツは、自分《じぶん》の成長《せいちょう》を見《み》つめること

ぼくは、はじめからマラソンをやっていたわけではないんだ――
小学校時代《しょうがっこうじだい》、打《う》ちこんでいたのは、バスケット。
ダム
強豪校《きょうごうこう》だったから、レギュラーにえらばれるようにがんばっていた。
もうひとつやっていたのが水泳《すいえい》。
バスケットはチーム競技《きょうぎ》だけど、水泳《すいえい》は自分《じぶん》のタイムとのたたかい。バスケ、水泳《すいえい》、どちらも楽《たの》しくやっていた。だけど……

今日《きょう》は学校《がっこう》つかれたなぁ。
プール、行《い》きたくないな……
バスに乗《の》りおくれたことにしちゃおう!
じつは、こうやってサボることもあったよ。
体育《たいいく》が大好《だいす》きな子《こ》どもだった。
体育だーー!!
でも……
鉄棒《てつぼう》とマット運動《うんどう》は大《だい》のにがて!
ぐぎぎぎ……
もし体育《たいいく》がこのふたつしかなかったら、きっと体育《たいいく》ギライになってたな。

中学校《ちゅうがっこう》で転校《てんこう》を経験《けいけん》。
バスケ部《ぶ》と水泳部《すいえいぶ》、両方《りょうほう》に入《はい》ります！
でもバスケはとちゅうから入《はい》ったチームにうまくなじむことができなかった。
ぽつん…
ザバ
14:08!
ザバ
水泳《すいえい》に集中《しゅうちゅう》してがんばろうかな
そういえば、うちの学校《がっこう》は夏《なつ》しか水泳部《すいえいぶ》の練習《れんしゅう》ないよ
えっ！
先輩《せんぱい》は、夏以外《なついがい》は何《なに》をしているんですか？

オレは陸上部《りくじょうぶ》にも入《はい》ってるんだ
おまえもどう？
そういえば……
やったぁ学年で2位になれたぞ
ぼく、走《はし》るのもとくいです
おお、ぜひ入部《にゅうぶ》してくれよ
こうしてぼくは長距離走《ちょうきょりそう》をはじめることになった。
そしてこの先《さき》、ずっと長距離走《ちょうきょりそう》を続《つづ》けた。
中学校《ちゅうがっこう》では東京都《とうきょうと》の大会《たいかい》、
高校《こうこう》では関東《かんとう》の大会《たいかい》、
大学《だいがく》では全国大会《ぜんこくたいかい》に行《い》ったよ。
ワー
ワー
ワー
ワー

高校《こうこう》の部活《ぶかつ》ではしんどいな、と思《おも》うときもあったな。
ワイ
ワイ
ワイ
いっしょに長距離《ちょうきょり》をやっている仲間《なかま》が休《やす》むと、自分《じぶん》ひとりで練習《れんしゅう》することになってね。
ラスト3周!!
でも、ひとりでも続《つづ》けていたから、力《ちから》をつけて結果《けっか》を出《だ》すことができたんだ。
先輩《せんぱい》、あのとき陸上《りくじょう》にさそってくれてありがとうございました
自分《じぶん》にはバスケと水泳《すいえい》しかないと思《おも》ってたけど、
新《あたら》しいことにチャレンジしたおかげで、自分《じぶん》の可能性《かのうせい》を見《み》つけることができました
なんだよいきなり!
それは、おまえががんばって練習《れんしゅう》したからだよ
たぶん、大人《おとな》になってもずっと先輩《せんぱい》には感謝《かんしゃ》し続《つづ》けると思《おも》います
せんぱいー♡
よせよ〜

目《め》が見《み》えない人《ひと》が
走《はし》っている姿《すがた》を
はじめて見《み》たのは、
大学《だいがく》1年《ねん》のとき――
…
ハッハッハッ
よろよろ
すごい……
ぼくと同《おな》じ距離《きょり》を
走《はし》っているけど、
想像《そうぞう》できないほどの
苦労《くろう》があるんだろうな
あぶない!!
だ・大丈夫か？
ズザーッ
大丈夫です…
ラスト600！
はい！
すごいなぁ

ぼくの最高成績《さいこうせいせき》は、大学時代《だいがくじだい》に全国大会《ぜんこくたいかい》で7位《い》。
おまえ、この先《さき》どうするの？
競技《きょうぎ》としてやるのは学生時代《がくせいじだい》で卒業《そつぎょう》！
就職《しゅうしょく》して、市民《しみん》ランナーとしてやっていくよ
全国《ぜんこく》7位《い》だもんなよくやったよな
うん！
目指せ自己ベスト！！
走《はし》ることは、プロにならなくたってできるしね
そして、社会人《しゃかいじん》として毎日《まいにち》を送《おく》っていたある日《ひ》のこと……
ワーワー
ある県《けん》の大会《たいかい》に、市民《しみん》ランナーの招待選手《しょうたいせんしゅ》としてよばれたんだ。
パチパチパチパチ
あ！元日本代表《もとにほんだいひょう》の倉林俊彰選手《くらばやしとしあきせんしゅ》だ！
0234
Guide

中田《なかた》くんも、目《め》の見《み》えない人《ひと》といっしょに走《はし》る伴走者《ばんそうしゃ》、やってみない？
おもしろそうですね
これが、伴走者《ばんそうしゃ》を目指《めざ》すきっかけになった。
伴走者《ばんそうしゃ》の役割《やくわり》は、3つある。
1 道《みち》を案内《あんない》し、路面《ろめん》の状況《じょうきょう》を伝《つた》えること
2 選手《せんしゅ》の体調《たいちょう》を見《み》きわめたり、ほかの選手《せんしゅ》のスピードや状況《じょうきょう》を見《み》て、どこでスパートをかけるかなどの作戦《さくせん》を立《た》てること
3 選手《せんしゅ》がくじけそうになったときに、言葉《ことば》をかけるなどしてささえること
ひとりで走《はし》るよりも、難《むずか》しい。
ペースおとしましょう！
だからこそおもしろい。
ワー
ワー
ワー
おたがいの気持《きも》ちを伝《つた》えあって、練習《れんしゅう》して出《で》た結果《けっか》は、ふたりのものなんだ。

アテネ大会《たいかい》ではじめて
パラリンピックに出場《しゅつじょう》。
高橋勇市選手《たかはしゆういちせんしゅ》の伴走《ばんそう》をつとめ、
金《きん》メダルを獲得《かくとく》した。
その後《ご》、数々《かずかず》のパラリンピック、
世界選手権大会《せかいせんしゅけんたいかい》に出場《しゅつじょう》したよ。
ワー
ワー
ワー
2016年《ねん》、パラリンピック・
リオデジャネイロ大会《たいかい》——
和田伸也選手《わだしんやせんしゅ》の伴走《ばんそう》を
つとめた。結果《けっか》は6位《い》。
JAPAN
WADA
Guide
日本《にほん》、メダルには届《とど》きませんでした
4年《ねん》ぶりの自己《じこ》ベスト、出《だ》せましたね！
メダルに届《とど》かなかったのは残念《ざんねん》だけど、練習《れんしゅう》が報《むく》われたようで、晴《は》れやかな気分《きぶん》です！

スポーツは１位《い》になるだけが目標《もくひょう》じゃない。

人《ひと》とくらべたくなる気持《きも》ちはわかる。

でも、工夫《くふう》して、練習《れんしゅう》して、昨日《きのう》の自分《じぶん》とくらべて

何《なに》ができるようになったのかがわかると楽《たの》しい。

自分《じぶん》の成長《せいちょう》を味《あじ》わえるスポーツ体験《たいけん》をしてみてほしいな！

大人《おとな》になると、運動《うんどう》したくなるという不思議《ふしぎ》

鈴木《すずき》さやか（24歳《さい》）
会社員《かいしゃいん》

わたしは、三宅選手《みやけせんしゅ》や中田選手《なかたせんしゅ》とはちがう、ごくごくふつうの社会人《しゃかいじん》。小学生《しょうがくせい》のときから、体育《たいいく》って好《す》きじゃなかったけど——

わたしは体育《たいいく》が大《だい》きらいな子《こ》どもでした。
あぁ、もう帰《かえ》りたいよ〜
運動《うんどう》って、何《なに》が楽《たの》しいのかわからない!!
ガンバレー
パチパチパチ
でも、大人《おとな》になってオフィスで働《はたら》くようになると、
机《つくえ》にすわってばかりなのがつらくて……！
あ、もうこんな時間《じかん》……肩《かた》こった〜
みんなでご飯《はん》食《た》べに行《い》くけど、いっしょにどう？
ごめん、今日《きょう》はちょっと……

自分《じぶん》から進《すす》んで運動《うんどう》をするなんて、子《こ》どものころのわたしからしたら信《しん》じられなかっただろうな……。適度《てきど》な運動《うんどう》って、心《こころ》と体《からだ》の健康《けんこう》、それに美容《びよう》にもだいじなのよ！

チャレンジするのって、楽《たの》しいことなんだ

え？
たけしくんがボクをとべたら卒業《そつぎょう》！ボクはふつうのとび箱《ばこ》にもどる！
絶対《ぜったい》に手《て》をぬいたらダメだからね
うぉお！たいくん行《い》くぞ！
がんばってたけし！
ペタッ
本気《ほんき》でとべなかった……
え〜〜〜！
1
2
3
たけしくん！体育倉庫《たいいくそうこ》にいるから練習《れんしゅう》しにきてね！
まゆこちゃんも運動《うんどう》を楽《たの》しんでねーー！
倉庫
ちょっとどうするの？
うーんとりあえずとび箱《ばこ》にもどるよ！
なみだをかえして！
ゴ、ゴメン…
ありがとう！たいくん！

おわりに

たいくんたちといっしょに、きみの運動《うんどう》のなやみは解決《かいけつ》できたかな？
勝《か》ち負《ま》けや、上手《じょうず》にできる・できないだけが運動《うんどう》のすべてじゃないんだね。
人《ひと》とくらべるのではなくて、「昨日《きのう》の自分《じぶん》より上達《じょうたつ》したか」が大切《たいせつ》。
そして、何《なに》より運動《うんどう》を「楽《たの》しむこと」が大切《たいせつ》なんだね。

もし、ひとつでも「好《す》き！」と思《おも》えたり
「楽《たの》しい！」と感《かん》じる運動《うんどう》を見《み》つけられたら、
それはきみにとっての宝物《たからもの》になるよ。

大人《おとな》になっても、おじいさん・おばあさんになっても
運動《うんどう》を楽《たの》しめるって幸《しあわ》せなこと。
健康《けんこう》にもいいし、ストレスも解消《かいしょう》できる！
人生《じんせい》がより豊《ゆた》かになるよ。

遊《あそ》びや体育《たいいく》の授業《じゅぎょう》を通《とお》して、いろいろな運動《うんどう》に楽《たの》しく挑戦《ちょうせん》してみてね！

この本《ほん》を読《よ》んで、なやんでいるきみの心《こころ》が楽《らく》になったり、
解決《かいけつ》への希望《きぼう》が見《み》えてきたりするようだとうれしい。
もし、つらい気持《きも》ちからなかなかぬけだせない、
まわりに相談《そうだん》できる人《ひと》がいないなら、
子《こ》どものための相談窓口《そうだんまどぐち》に電話《でんわ》してみるのも手《て》だよ。
ちょっと勇気《ゆうき》がいるかもしれないけど、相手《あいて》は慣《な》れているし、
相談内容《そうだんないよう》の秘密《ひみつ》は守《まも》ってくれるから心配《しんぱい》ない。
電話《でんわ》では、自分《じぶん》の名前《なまえ》や学校名《がっこうめい》を伝《つた》えなくてもいいよ。
自分《じぶん》を助《たす》けるために、一歩前《いっぽまえ》へふみだして。

・24時間《じかん》子供《こども》SOS《エスオーエス》ダイヤル　0120-0-78310《なやみいおう》

＊受付時間《うけつけじかん》：夜間《やかん》・休日《きゅうじつ》をふくめていつかけてもOK

いじめにかぎらず子《こ》どものSOS《エスオーエス》を受けとめる窓口《まどぐち》。
原則《げんそく》として電話《でんわ》をかけた場所《ばしょ》の教育委員会《きょういくいいんかい》の相談機関《そうだんきかん》につないでくれる。

・子《こ》どもの人権《じんけん》110番《ばん》　0120-007-110《ぜろぜろななのひゃくとおばん》

＊受付時間《うけつけじかん》：平日午前《へいじつごぜん》8時《じ》30分《ぷん》から午後《ごご》5時《じ》15分《ふん》まで
(12月《がつ》29日《にち》〜1月3日《がつみっか》はお休《やす》み)

法務局《ほうむきょく》・地方法務局《ちほうほうむきょく》の職員《しょくいん》、または人権擁護委員《じんけんようごいいん》が話《はなし》をきいて、
どうしたらいいかいっしょに考《かんが》えてくれる。
インターネットでの相談《そうだん》も受《う》け付《つ》けている。
http://www.jinken.go.jp/(法務省《ほうむしょう》インターネット人権相談受付窓口《じんけんそうだんうけつけまどぐち》　SOS-e《エスオーエスイー》メール)

・チャイルドライン　0120-99-7777

＊受付時間《うけつけじかん》：毎週月曜日《まいしゅうげつようび》から土曜日《どようび》の午後《ごご》4時《じ》から午後《ごご》9時《じ》まで
(12月《がつ》29日《にち》〜1月3日《がつみっか》はお休《やす》み。地域《ちいき》によっては日曜日《にちようび》もかけられる)

18歳《さい》までの子《こ》どものための相談窓口《そうだんまどぐち》。思《おも》いを話《はな》すことで楽《らく》になれるよう、
気持《きも》ちを受《う》けとめてくれる。話《はなし》をきくのは「受《う》け手《て》」とよばれる
ボランティアの大人《おとな》たち。

・通話料《つうわりょう》は無料《むりょう》。携帯電話《けいたいでんわ》(スマートフォン)、公衆電話《こうしゅうでんわ》からも無料《むりょう》。公衆電話《こうしゅうでんわ》から
かけるときは、最初《さいしょ》にお金《かね》を入《い》れて。通話《つうわ》が終《お》わるとお金《かね》はもどってくる。
・IP《アイピー》電話《でんわ》(050で始《はじ》まる番号《ばんごう》)ではつながらないことがある。
「子《こ》どもの人権《じんけん》110番《ばん》」は、IP《アイピー》電話《でんわ》からかけられる番号《ばんごう》がある(通話料《つうわりょう》は有料《ゆうりょう》)。

※電話番号《でんわばんごう》、アドレス、サービス内容《ないよう》は、2017年《ねん》11月現在《がつげんざい》のものです。変更《へんこう》になる可能性《かのうせい》もあります。

監修　北川雄一

1980年生まれ。日本体育大学体育学部卒。現在、江戸川区立上小岩第二小学校、主任教諭。大学在学中から野外教育、冒険教育、ファシリテーション等を学び、それらを生かしたクラスづくり、授業づくりに力を入れている。

文　梶塚美帆

1986年宮城県生まれ。編集者、ライター。子ども向け書籍専門の編集プロダクションに勤務し、絵本や児童書の企画・制作を担当。約40冊を手掛ける。現在はウェブ媒体や子ども向けの書籍を中心に、執筆や編集をおこなっている。

絵　つぼいひろき

1976年東京都生まれ。成蹊大学法学部卒業。大学在学中にはプロボクサーとしてリングに上がる。卒業後、共同印刷入社。渋谷アートスクールに入学しイラストを学ぶ。その後、共同印刷を退社、フリーのイラストレーターとなる。絵を担当した書籍に『超爆笑100連発！お笑い天国』『絶対ダマされる!! ひっかけ&10回クイズ』（ともにポプラ社）など。

編集協力　長井亜弓
作画協力　小豆《こまめ》だるま、空兎《そらうさぎ》羽《は》留《る》 & Fuki《ふき》

なやみと～る ④　運動のなやみ

2018年3月15日　第1刷発行

監修　北川雄一
文　梶塚美帆
絵　つぼいひろき
発行者　岩崎夏海
編集　増井麻美
発行所　株式会社岩崎書店
〒112-0005 東京都文京区水道 1-9-2
03-3812-9131（営業）03-3813-5526（編集）振替 00170-5-96822
印刷所　三美印刷株式会社
製本所　株式会社若林製本工場
装丁・本文デザイン　吉沢千明

Published by Iwasaki Publishing Co., Ltd. Printed in Japan
NDC159 ISBN 978-4-265-08604-7

●ご意見・ご感想をお寄せください。 E-mail hiroba@iwasakishoten.co.jp
●岩崎書店ホームページ　http://www.iwasakishoten.co.jp

〔ききめ〕
おなやみ解決・はげまし

なやみと〜る

1 友《とも》だち関係《かんけい》のなやみ

2 恋愛《れんあい》のなやみ

3 転校生《てんこうせい》のなやみ

4 運動《うんどう》のなやみ

5 ネット・SNSのなやみ

〈全5巻〉